AF450711

Editorial
NUN

Reporte sobre la familia en México 2023

Cambio tecnológico y cultura digital

UNIVERSIDAD PONTIFICIA
DE MÉXICO

Ficha bibliográfica

Acha Martinique, Diego Andrea, Íñiguez José Luis, Mendoza Cristopher A.,
Morales Carlos Alberto, Padilla Diego Arturo, Terán Alejandro,
Terán José Antonio, Yáñez Tania Guadalupe

Reporte sobre la familia en México 2023. Cambio tecnológico y cultura digital

1a. edición, 2023

Versión impresa ISBN: 978-607-59880-5-4
Versión digital ISBN: 978-607-59880-8-5

Editorial Notas Universitarias, S. A. de C.V.
Colección Dignitas Humana

Impreso en la Ciudad de México, en diciembre de 2023
Formato: 15 × 21 cm

198 pp.

Editorial NUN

Es una marca de Editorial Notas Universitarias, S. A. de C.V.

Xocotla 17, Centro, alcaldía de Tlalpan, C. P. 14000, Ciudad de México

www.editorialnun.com.mx

Dirección editorial y diseño de portada: Miryam D. Meza Robles
Cuidado de edición: Felipe G. Sierra Beamonte
Corrección de estilo: Esteban Manteca Aguirre
Formación: Daniel P. Estrella Alvarado

Impreso en México

Reporte sobre la familia en México 2023

Cambio tecnológico y cultura digital

Coordinador editorial
José Antonio Terán Somohano

Martinique Acha Alemán
Andrea Diego Armida
José Luis Íñiguez García
Cristopher A. Mendoza Soto
Carlos Alberto Morales Peña
Diego Arturo Padilla Moreno
Alejandro Terán Somohano
José Antonio Terán Somohano
Tania Guadalupe Yáñez Flores

DIGNITAS
HUMANA

El Centro de Estudios de Familia, Bioética y Sociedad (Cefabios) de la Universidad Pontificia de México promueve y realiza investigación multidisciplinaria y especializada sobre la persona y el valor de la familia en la sociedad. Cefabios responde al llamado de llevar el Evangelio a una diversidad de contextos culturales, fortaleciendo siempre el vínculo entre fe y razón, ética y ciencia, individuo y comunidad.

Director
Pbro. Guillermo Gutiérrez Fernández

Contacto
cefabios@pontificia.edu.mx

Índice

Presentación

Me cabe la satisfacción de presentar el segundo *Reporte anual de la familia en México*, elaborado por el Observatorio Nacional de la Familia, del Centro de Estudios de Familia, Bioética y Sociedad (Cefabios) de la Universidad Pontificia de México. El primer reporte versó sobre los desafíos de la familia en la postpandemia en México, en clave de esperanza, y fue muy bien aceptado entre los diversos actores sociales involucrados en el trabajo a favor del bienestar de la familia, tanto en el país como en el extranjero.

La Organización de las Naciones Unidas (ONU) prepara la celebración del AIF+30, un año internacional de la familia –a 30 años de aquella primera convocatoria mundial de 1994– que tendrá lugar a lo largo de 2024. Como se sabe, el papa Juan Pablo II vio en aquella convocatoria de 1994 la ocasión propicia para presentar una serie de importantes iniciativas eclesiales a favor de la familia, como la fundación del Pontificio Instituto Juan Pablo II de Estudios sobre el Matrimonio y la Familia, el Pontificio Consejo para la Familia, y los Encuentros Mundiales de la Familia con el Papa, que se celebran cada tres años.[1] También hizo pública una Carta a las Familias con temas sumamente urgentes. Siguiendo esta inspiración, nos ha parecido

---

[1] El Pontificio Consejo para la Familia dio lugar, en la reforma de la Curia del papa Francisco, al actual Dicasterio para los Laicos, la Familia y la Vida, mientras que el Pontificio Instituto Juan Pablo II se ha transformado en el Pontificio Instituto Teológico Juan Pablo II de Ciencias de la

conveniente sumarnos a la convocatoria mundial, abordando en este segundo Reporte algunas de las líneas que la ONU ha propuesto para la celebración, a saber: las cinco megatendencias actuales en el mundo: migración, cambios demográficos, nuevas tecnologías y digitalización, urbanización, y cambio climático junto con la degradación ambiental. Concretamente, este Reporte se centra en el impacto que tienen las nuevas tecnologías digitales en el bienestar de las familias.

Las Naciones Unidas han expresado frecuentemente perspectivas familiares en disonancia con una antropología adecuada; sin embargo, comparten la consideración de que la familia constituye la unidad básica de la sociedad. Por este motivo, en la década de los ochenta la Organización comenzó a centrarse en temas relacionados con la familia. En 1983, siguiendo las recomendaciones del Consejo Económico y Social, la Comisión de Desarrollo Social emitió su resolución 1983/23 sobre la función de la familia en el proceso de desarrollo, en ella se pidió al secretario general que promoviera "entre los encargados de adoptar decisiones y el público una mayor conciencia de los problemas y las necesidades de la familia, así como de las formas eficaces de satisfacer dichas necesidades". Más tarde, el Consejo, en su resolución 1985/29, pidió a la Asamblea General que considerara la posibilidad de incluir en su programa provisional para el cuadragésimo primer periodo de sesiones el tema titulado "Las familias en el proceso de desarrollo", con la idea de pedir al secretario general que iniciase un proceso para crear conciencia sobre este asunto entre los gobiernos, las organizaciones intergubernamentales y no gubernamentales y la opinión pública.

Después, atendiendo a las recomendaciones de la Comisión de Desarrollo Social, formuladas en su trigésimo periodo de sesiones, la Asamblea invitó a los Estados miembros a que manifestaran su parecer acerca de la posible proclamación de un año internacional

---

Familia, con la intención de ampliar las perspectivas –que se habían focalizado especialmente en los temas morales atinentes al matrimonio y la familia.

de la familia y formulasen observaciones y propuestas al respecto. El Consejo, a su vez, pidió al secretario general que presentara ante la Asamblea, en su cuadragésimo tercer periodo de sesiones, un informe general, basado en las observaciones y propuestas de los Estados miembros, sobre la proclamación del año y otras medidas para mejorar la situación y el bienestar de las familias e intensificar la cooperación internacional como parte de los esfuerzos mundiales para favorecer el progreso y desarrollo en lo social. Finalmente, en su resolución 44/82, el 9 de diciembre de 1989 la Asamblea General proclamó el ya mencionado Año Internacional de la Familia, y más tarde, en 1993, con la resolución A/RES/47/237 decidió celebrar el Día Internacional de la Familia cada 15 de mayo, con el fin de dar a conocer las cuestiones relativas a las familias y reflexionar acerca de cómo les afectan los procesos sociales, económicos y demográficos.

Hay que mencionar aquí que el 25 de septiembre de 2015 los 193 Estados miembros adoptaron por unanimidad los Objetivos de Desarrollo Sostenible (ODS), un conjunto de 17 objetivos dirigidos a erradicar la pobreza, la discriminación, los abusos y las muertes prevenibles, abordar la destrucción del medio ambiente e iniciar una era de desarrollo para todos los habitantes del planeta. Las familias, y las políticas que se ocupan de las cuestiones que les afectan, son claves para la consecución de muchos de estos objetivos. Se comprende entonces la razón por la cual el Cefabios decidiera dedicar este segundo reporte, en un clima de apertura y diálogo abierto, a uno de los temas clave del momento actual. En efecto, la pandemia de covid-19, como puso en evidencia el Reporte anterior, ha sido uno de los mayores desafíos de nuestro tiempo. Lo que empezó como una emergencia de salud pública se transformó en una recesión mundial, quizá la más profunda desde la Gran Depresión. La pandemia nos afectó a todos, pero no a todos por igual. Resaltó y aumentó las desigualdades existentes entre países y dentro de ellos, y fue más perjudicial para los países y grupos que ya corrían más riesgo de quedarse atrás.

Las megatendencias a las que la ONU se refiere llevan decenios fraguándose, por lo que no es fácil deshacerlas ni cambiarlas inmediatamente de manera significativa. Sin embargo, con el tiempo sí es posible moldearlas mediante intervenciones consistentes, tanto desde las políticas, como desde las distintas organizaciones sociales y la misma Iglesia. La crisis está afectando a las megatendencias de diferentes maneras. Por ejemplo, como ya se mencionó en el reporte 2022, el aumento del teletrabajo a causa del confinamiento ha acelerado la digitalización de la economía y está impulsando la innovación tecnológica. Pero no todos los trabajos pueden realizarse en forma remota y el acceso a una conexión de alta velocidad a internet es muy desigual. Esto significa que la pandemia por covid-19 ha acentuado la brecha digital y agravado las desigualdades. Los avances tecnológicos serán cruciales para la consecución de muchos de los ODS, especialmente los relacionados con una mayor eficiencia de los recursos, la descarbonización, la mayoría de los esfuerzos de conservación ambiental, la mayor productividad agrícola y la mejor calidad del agua y saneamiento, la salud y educación. Por lo tanto, las innovaciones tecnológicas pueden contribuir de manera positiva al logro de los primeros siete Objetivos, así como al de los ODS 13, 14 y 15.

La tecnología digital está cambiando rápidamente la naturaleza y el funcionamiento de los mercados laborales, la productividad económica y la sostenibilidad e inclusión del crecimiento, y determinará el progreso en el ODS 8. La innovación está en el núcleo del ODS 9 (industria, innovación e infraestructura). La tecnología también puede ser un factor decisivo en la consecución de los ODS 10 y 11 y resulta fundamental en la transición necesaria para el ODS 12 (producción y consumo responsables). La Iglesia no puede estar al margen de estos procesos de digitalización y, de hecho, cada vez más asume el desafío de la inteligencia artificial y de las tecnologías digitales como oportunidad para la evangelización. Sin embargo, es necesario reflexionar con detenimiento cuáles son sus verdaderos alcances y oportunidades y cuáles son sus límites, así como también estar atentos a las necesarias llamadas de atención que desde su sabiduría bimilenaria puede hacer para que estos procesos resulten un verdadero aporte para el desarrollo integral de las personas y de la sociedad.

Así, por ejemplo, es un hecho que coexisten los beneficios de la digitalización con las brechas digitales. Por lo tanto, sería importante establecer políticas que sienten las bases para una sociedad digital inclusiva. Para esto se necesitan políticas actualizadas y marcos reguladores en varias áreas, como la innovación, la financiación, la conectividad, los mercados de trabajo, la competencia y la gobernanza del desarrollo y uso de tecnologías. Para mitigar las consecuencias negativas de la digitalización se deberían incluir normas de tecnologías de la comunicación e información rápidas y flexibles, capaces de salvaguardar y proteger a los usuarios y la infraestructura, sin obstaculizar al mismo tiempo la innovación ni la inversión en nuevas tecnologías digitales. Junto con esto es necesaria la reflexión y puesta en marcha de una ética de la digitalización.

A nivel antropológico la digitalización presenta hechos que causan perplejidad y que es necesario relevar. Así, por ejemplo, este reporte muestra el riesgo de la facilidad del consumo de pornografía, que lesiona la integridad de las personas, de su psiquismo y su dignidad, y que afecta directamente a la relación de pareja y a la educación y vivencia del amor. El exceso de información dificulta la identificación de la verdad y el discernimiento de lo real con respecto a lo virtual, así como la formación de un juicio ponderado. Se relativizan conceptos básicos, como el amor, las relaciones de pareja, la procreación, las relaciones entre los sexos, la familia y la educación. Asistimos, por ejemplo, a la dificultad de los padres y los educadores para transmitir la tradición y la cultura. Las generaciones más jóvenes, ante la facilidad de las relaciones virtuales y pasajeras, han perdido las habilidades sociales y de relaciones reales y estables entre personas. Estos puntos, junto con muchas otras evidencias, son motivo de una discusión antropológica, que es una de las principales contribuciones de este Reporte.

Augurando que este segundo Reporte sobre la familia en México obtendrá una buena acogida e impactará positivamente en el bienestar de las personas, de las familias y de la sociedad en México y en el extranjero, formulo el deseo de que en las políticas y procesos de digitalización haya siempre más familia para que alcancemos un desarrollo sostenible, a medida de la persona humana.

Dr. José Guillermo Gutiérrez Fernández, Pbro.
Director del Centro de Estudios de Familia, Bioética y Sociedad
Universidad Pontificia de México

¿Cómo leer el *Reporte sobre la familia en México 2023*?

En el *Reporte sobre la familia en México 2023* abordamos el cambio tecnológico y la cultura digital. Nuestras vidas han sido transformadas tan radicalmente por los avances tecnológicos de los últimos años que no creemos necesario convencer al lector de su importancia. Este reporte, por lo tanto, tiene un objetivo sencillo: brindar herramientas conceptuales que sirvan de base para reflexionar sobre el tema.

Primero presentamos un panorama del México digital a través de algunos datos sobre acceso a internet, demografía, salud mental, hábitos de lectura. También buscamos averiguar qué hace la gente en internet, qué redes sociales usa, qué videos ve, qué música escucha, entre otras cosas. La idea es conocer las tendencias y los rasgos generales de la cultura digital en nuestro país para detectar cómo afecta el cambio tecnológico a las familias y a la sociedad.

Después ahondamos en los temas que sólo fueron mencionados en el primer artículo: padecimientos físicos y mentales en la era digital, efectos de la tecnología en la educación formal e informal, la brecha digital entre personas de la tercera edad y el resto de la población, pornografía, e inteligencia artificial. Finalmente, presentamos dos reflexiones más amplias que pueden servir como conclusión de todo el reporte. El primero de estos artículos es sobre la tecnología y el pensamiento cristiano y el segundo sobre lo que significa evangelizar en la cultura digital.

Cabe señalar que el lector no tiene que seguir el orden de lectura que aquí presentamos. Si, por ejemplo, alguien está interesado nada más en vejez y digitalización en nuestro país, puede pasar directamente al artículo sobre este tema; y así con los demás: pornografía, educación, salud mental y física, inteligencia artificial, etc. El formato del Reporte está pensado para que navegar por sus páginas sea una experiencia amena y enriquecedora.

¡Y esperamos que así sea!

Noviembre de 2023

1. Un vistazo al México digital

Diego Arturo Padilla Moreno
José Antonio Terán Somohano

En pocas palabras

Hace unos años los papás regañaban a sus hijos si sacaban el celular durante la comida o si les hacían una pregunta y ellos no respondían por estar "metidos todo el tiempo en el teléfono". Las cosas han cambiado. Para comprobarlo sólo hay que ir a un restaurante y observar que la hiperconectividad no es exclusiva de una generación o un grupo de edad. Ésta es la cultura digital: todos están conectados todo el tiempo. El teléfono inteligente no es una simple mejora del teléfono tradicional, sino que es un dispositivo totalmente diferente que ha cambiado la forma en que vivimos y nos relacionamos con los demás. Esta revolución tecnológica ha transformado a nuestra sociedad en todos los ámbitos, pero determinar de qué manera lo ha hecho en cuestiones demográficas, morales o éticas resulta muy difícil, cuando no imposible. ¿Qué nos dicen los datos? Empecemos por ahí.

En este artículo analizamos al México digital de dos formas: empezamos con unos datos sobre acceso a internet en nuestro país, cambio demográfico, nivel de lectura y cifras sobre depresión y suicidio para hacernos una idea general de la cultura digital. Después intentamos averiguar qué hace la gente en internet: cuánto tiempo pasa conectada al día y qué tipo de contenido consume durante este tiempo. No proponemos relaciones causales, es decir, afirmaciones del estilo: "Los adolescentes usan más TikTok y, por lo tanto, están más deprimidos que el resto de la población"; simplemente presentamos las cosas como son y dejamos al lector la tarea de determinar causalidad o correlación. Este artículo es sólo un ejercicio de distanciamiento para comprender los cambios vertiginosos que hemos experimentado en los últimos 20 años. Se trata de un punto de partida para responder a la pregunta crucial: ¿cómo asimilar el cambio tecnológico y encauzarlo para mejorar la vida de las personas? Y ésa es la pregunta del millón.

1.1. Todo mundo tiene un teléfono inteligente

No hablamos literalmente cuando decimos que *todo mundo* tiene un teléfono inteligente en nuestro país; sin embargo, usamos este énfasis retórico para recalcar que la propagación del acceso a internet, específicamente mediante los teléfonos inteligentes, es un fenómeno que supera en magnitud, por mucho, al impacto de las anteriores revoluciones industriales. Si usamos como referencia 2007, año en que salió a la venta el primer iPhone, comprobar que en tan sólo 10 años el 70% de los hogares en México contaba con un teléfono inteligente es un hecho que debe sorprendernos.

Comencemos con el número de personas que usa internet en México. El porcentaje de la población que puede acceder a internet mediante cualquier dispositivo tecnológico ha ido en aumento desde el año 2000, como lo muestra la siguiente gráfica:

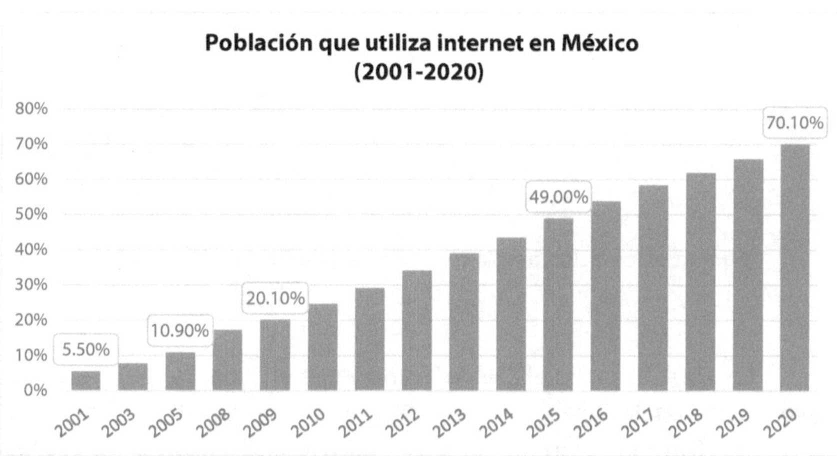

Fuente: elaboración propia con datos de la Encuesta Nacional sobre Disponibilidad y Uso de Tecnologías de la Información en los Hogares (ENDUTIH) de 2001 a 2020.

En 2005 el 10% de la población utilizaba internet en nuestro país; cuatro años después, en 2009, el 20%; en 2015, casi el 50%; finalmente, en 2020 más del 70% de la población en México usaba internet. Si lo vemos desde el punto de vista de los hogares que cuentan con acceso a internet, las cifras son muy similares:

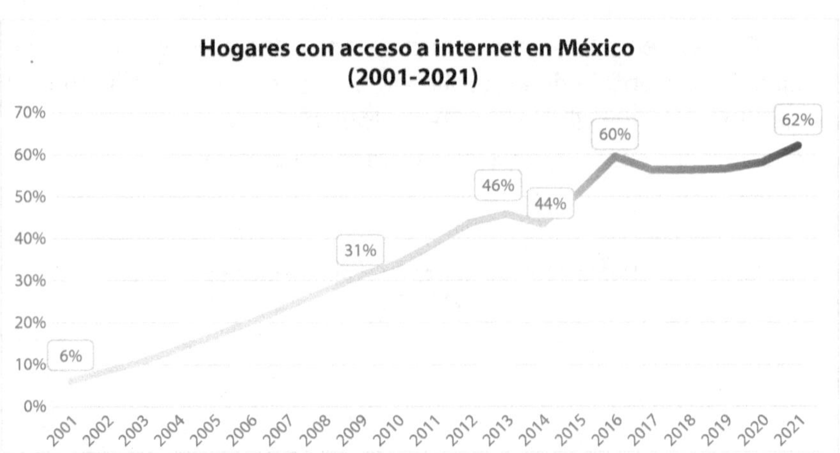

Fuente: elaboración propia con datos de la ENDUTIH de 2001 a 2021.

En 2001 tan sólo el 6% de los hogares en nuestro país tenía acceso a internet. Veinte años después, en 2021, esta cifra era del 62%. ¿Y de qué forma se conecta la gente a internet? La siguiente gráfica muestra que de 2001 a 2014 el principal dispositivo que tenía la gente era una computadora de escritorio o portátil; en 2015 la propiedad de teléfonos inteligentes superó a la de computadoras y, desde entonces, el porcentaje de hogares con computadoras se ha mantenido relativamente estable: alrededor de la mitad de la población es propietaria de una computadora, ya sea de escritorio o portátil.

Fuente: elaboración propia con datos de la ENDUTIH de 2001 a 2021.

El dato más impactante es que en 2021 casi el 80% de los hogares en México contaba con un teléfono inteligente. Hace tan sólo 10 años el teléfono inteligente era considerado un artículo de lujo, mientras que ahora la mayor parte de la población cuenta con uno de estos dispositivos de alta tecnología. Sólo basta mirar a nuestro alrededor para notar que en el transporte público todo mundo va escuchando música o revisando sus redes sociales y que incluso la gente que pide dinero en los semáforos tiene un teléfono inteligente para comunicarse con sus conocidos. La cultura digital no es privilegio de unos cuantos, sino que permea y moldea a toda la sociedad. Por ello ahora no parece tan exagerado decir que, en México, todos tienen un teléfono inteligente.

Sin embargo, si lo analizamos según la edad de las personas, el acceso casi universal a un teléfono inteligente no significa que la gente use internet en la misma proporción, como podemos ver en la siguiente gráfica:

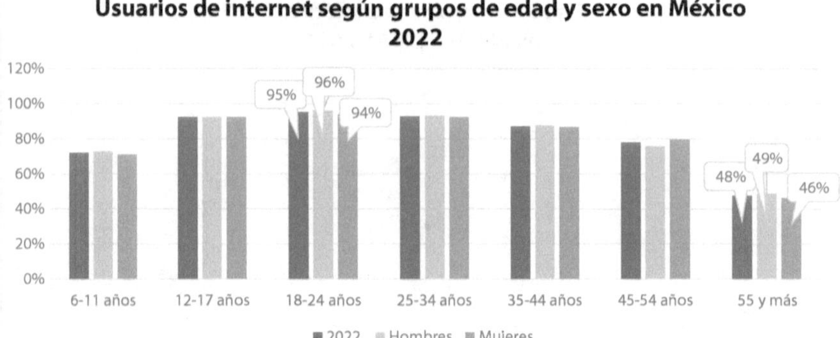

Fuente: elaboración propia con datos de la ENDUTIH de 2022.

La población de entre 18 y 24 años, es decir, los adultos jóvenes, es la que más usa internet, pero la diferencia no es tan marcada en comparación con los adolescentes (12 a 17 años) y con los adultos de entre 25 y 34 años, pues arriba del 90% de la gente de estos tres grupos de edad es usuaria de internet. La población de 55 años en adelante es la que en menor proporción usa internet, pero incluso en este segmento se trata de prácticamente la mitad de la gente de este grupo de edad. Las cifras exactas se muestran en la tabla siguiente. Resalta el hecho de que el 72.1% de los niños de entre 6 y 11 años usa internet. Por otro lado, sólo en el grupo de edad de personas de entre 45 y 54 años son más mujeres (79.6%) que hombres (75.8%) las que usan internet, pero en la mayoría de los segmentos la diferencia por género no es significativa.

Porcentaje de usuarios de internet por grupos de edad y sexo en México (2022)

Rangos de edad	2022	Hombres	Mujeres
6-11 años	72.1	73.1	71.0
12-17 años	92.4	92.5	92.4
18-24 años	95.1	96.3	93.9
25-34 años	92.8	93.1	92.5
35-44 años	87.1	87.6	86.7
45-54 años	77.9	75.8	79.6
55 y más	47.6	49.0	46.4

Fuente: elaboración propia con datos de la ENDUTIH de 2022.

¿Y cuánto tiempo pasa la gente en internet? En esta cuestión la edad es también el factor más relevante, como se muestra en la siguiente gráfica:

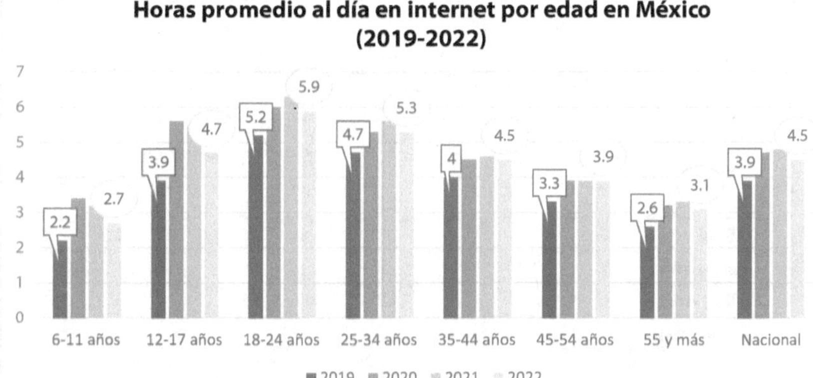

Fuente: elaboración propia con datos de la ENDUTIH de 2019 a 2022.

Lo primero que resalta en la gráfica anterior es que el tiempo promedio que pasa la gente en internet en nuestro país disminuyó en 2022. Esto se puede deber a que la pandemia obligó a las personas a usar internet durante periodos más largos de tiempo: por ello el pico en 2020 y 2021, cuando se impusieron el trabajo remoto y las clases en línea, pero al terminar la emergencia sanitaria la gente regresó a sus actividades presenciales. Igual que en el porcentaje de usuarios, los grupos de edad que más tiempo pasan en internet son los tres que incluyen a las personas de entre 12 y 34 años; es decir, adolescentes, jóvenes adultos y adultos hasta los 34 años, con más de cinco horas en promedio al día.

El promedio nacional de horas de uso de internet en México, por día, en 2022 fue de 4.5, como se muestra en la siguiente tabla. Esto representa el 18.75% de un día de 24 horas. Sin embargo, si descontamos seis horas de sueño, un día consta de 18 horas, por lo que 4.5 representa el 25% de las horas activas del día. En otras palabras, en 2022 la gente pasó una cuarta parte de sus horas diarias activas conectada a internet.

Horas promedio de uso de internet por rangos de edad en México

Rangos de edad	2019	2020	2021	2022
6-11 años	2.2	3.4	3.2	2.7
12-17 años	3.9	5.6	5.5	4.7
18-24 años	5.2	6.0	6.3	5.9
25-34 años	4.7	5.3	5.6	5.3
35-44 años	4.0	4.5	4.6	4.5
45-54 años	3.3	3.9	3.9	3.9
55 y más	2.6	3.2	3.3	3.1
Nacional	3.9	4.7	4.8	4.5

Fuente: elaboración propia a partir de los datos de la ENDUTIH de 2019 a 2022.

En resumen, la gran mayoría de los mexicanos (prácticamente el 80% de la población) tiene acceso a internet por medio de un teléfono inteligente, pero son los jóvenes adultos (18-24 años) quienes más lo usan. Sin embargo, la cantidad promedio de tiempo que los mexicanos están conectados es alta en general: 4.5 horas al día en 2022. La pandemia incrementó el tiempo que los mexicanos pasaron navegando en internet, pero incluso después del confinamiento parece que la hiperconectividad es ya una característica permanente de nuestra cultura digital.

1.2. La gente no está teniendo hijos

Revisemos ahora unos cuantos datos demográficos. El número de habitantes en nuestro país sigue en aumento; sin embargo, es fácil ver que el ritmo de crecimiento es cada vez menor. En 2005 había 103 millones de mexicanos, mientras que cinco años antes, en 2000, había 98 millones. Si hacemos una resta, podemos determinar en cuánto aumentó la población en esos cinco años: 103 - 98 = 5. En otras palabras, en cinco años aumentó en 5 millones el número de mexicanos. Si hacemos lo mismo para los siguientes lustros podemos ver que entre 2010 y 2015 esta tasa de crecimiento empieza a disminuir; es decir, la población sigue creciendo, pero cada vez menos: en 2010 aumentó en 9 millones, en 2015 en 8 y en 2020 en 6, como podemos ver en la siguiente gráfica:

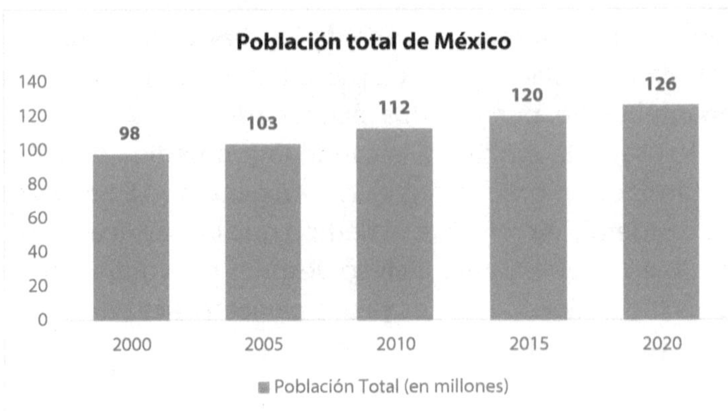

Fuente: elaboración propia con datos de los censos
de población y vivienda de 2001 a 2021.

Los primeros 23 años de este milenio, como vimos en el apartado anterior, se distinguen por la rápida propagación del uso de internet entre la mayoría de la población, principalmente mediante las computadoras de escritorio, laptops, tabletas y, finalmente, los teléfonos inteligentes. Este cambio tecnológico tan veloz ha transformado la manera de pensar y relacionarse de las personas. El artículo del doctor Pliego Carrasco en el *Reporte sobre la familia en México 2022* muestra, por ejemplo, que en los últimos años las estructuras familiares han cambiado de forma significativa: las personas se casan menos tanto por matrimonio civil como religioso, deciden cohabitar con su pareja o vivir con *roomies,* etc. ¿Por qué las familias son menos numerosas en nuestra época? ¿Por qué las personas deciden tener menos hijos? Ésas son preguntas que plantean reflexiones interesantes, pero en esta sección nos atenemos a los datos, y los datos demuestran un fenómeno incontestable: nuestra sociedad altamente digitalizada también es una sociedad en la que las personas no quieren tener hijos.

Otra forma de ver esta desaceleración del crecimiento poblacional en nuestro país es con la tasa de natalidad. Este indicador muestra el número de nacimientos por cada 1000 habitantes al año. Como podemos ver en la gráfica siguiente, durante la década de los sesenta en México había más de 40 nacimientos por cada 1000 habitantes. Este ritmo de nacimientos ha ido decreciendo desde entonces hasta alcanzar un mínimo histórico de 15.6 en 2020.

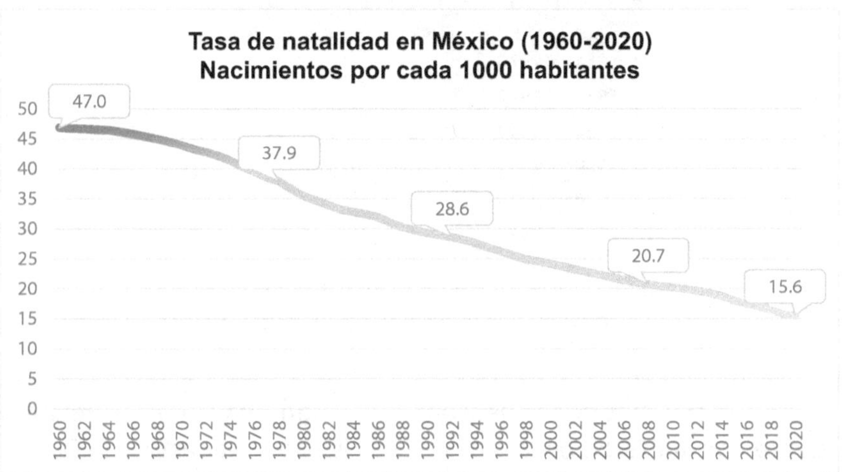

Fuente: elaboración propia con datos de los censos
de población y vivienda de 2001 a 2021.

Los especialistas proponen muchas razones como causa de esta disminución en la natalidad. Sin embargo, en el fondo no existe una explicación determinista de este fenómeno porque en él está implicado un factor de libertad y voluntad personal: las mujeres están decidiendo tener cada vez menos hijos. La correlación más fuerte es la que existe entre el nivel de desarrollo económico de los países y su tasa de natalidad: mientras más "avanzada" es la economía de un país, menor su tasa de natalidad. Los países europeos son, por lo tanto, los que menores tasas de natalidad tienen en el mundo.

Si analizamos la variación en la tasa de natalidad por década en nuestro país, como se muestra en la siguiente tabla, podemos ver que en los setenta se presentó el primer cambio drástico, al desacelerarse el número de nacimientos por cada 1000 habitantes en 19.30%.

Periodo	Variación en la tasa de natalidad
1960 vs. 1970	-6.50%
1970 vs. 1980	-19.30%
1980 vs. 1990	-17.40%
1990 vs. 2000	-17.50%
2000 vs. 2010	-16.60%
2010 vs. 2020	-22.80%

Fuente: elaboración propia con datos de los censos
de población y vivienda de 2001 a 2021.

Las tres siguientes décadas presentan una variación relativamente constante de entre -16 y -17%, luego la variación de 2010 a 2020 se incrementa hasta llegar a -22.8%. Éste es el periodo que nos importa, pues estos años son los de la revolución tecnológica que estamos estudiando. No podemos hablar de causalidad, pero sí de una fuerte correlación entre la digitalización de la cultura y la disminución marcada de la tasa de natalidad en nuestro país.

Ahora bien, si los mexicanos están teniendo menos hijos y el promedio de vida se mantiene relativamente estable, el promedio de edad de la población se vuelve cada vez mayor; es decir, la población de nuestro país está envejeciendo. Esto se puede visualizar de forma sencilla en la evolución de las pirámides poblacionales de los últimos 20 años que se muestra a continuación.

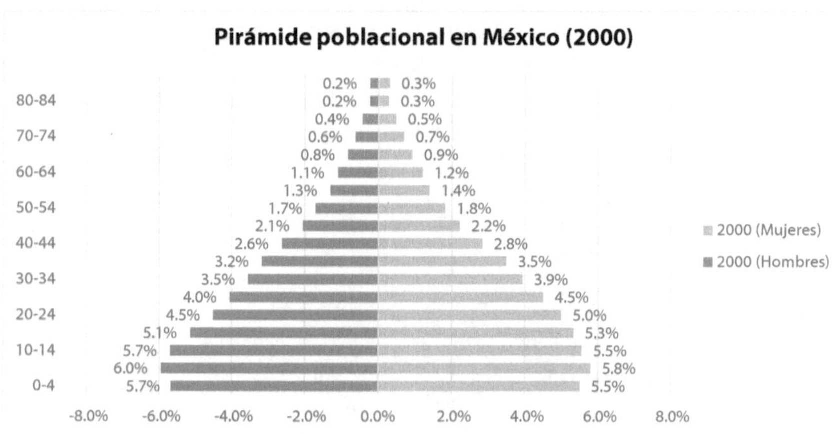

Fuente: elaboración propia con datos de los censos
de población y vivienda de 2001 a 2021.

Fuente: elaboración propia con datos de los censos
de población y vivienda de 2001 a 2021.

Pirámide poblacional en México (2020)

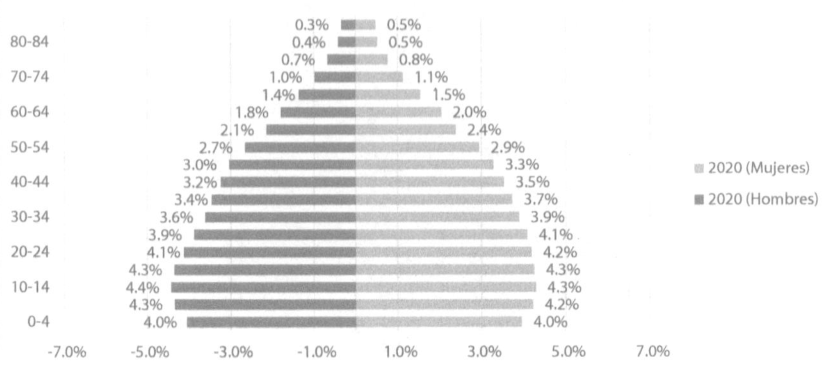

Fuente: elaboración propia con datos de los censos
de población y vivienda de 2001 a 2021.

La pirámide poblacional del año 2000 tiene una forma casi perfecta de pirámide: la base es ancha y los escalones se van adelgazando gradualmente hasta formar una punta. Esto quiere decir que en ese año en nuestro país había más niños de entre 0 y 15 años y menos ancianos de 70 años para arriba. En la pirámide poblacional de 2010 vemos que la base ancha se ha ido "recorriendo" hacia arriba y, con ello, toda la forma de la pirámide se ha ido ensanchando en el centro. Como hubo menos nacimientos durante esos 10 años, ahora había menos niños de 0 a 4 años y más de 10 a 14, así como más jóvenes de 15 a 24 años. La punta de la pirámide, a su vez, también se ensanchó un poco. Finalmente, el ensanchamiento del centro es mucho más evidente cuando observamos la pirámide poblacional de 2020. Más que piramidal, la forma es ahora como de un chocolate Kiss.

Hagamos unas sumas para ver cuál es el porcentaje de los grupos de edad en la base y en la punta en cada año. En 2000 los cuatro primeros escalones, en la base de la pirámide, sumaban 44.6%; es decir, casi la mitad de la población de nuestro país estaba conformada por niños de 0 a 14 años. Los cuatro últimos escalones, en la punta, sumaban

3.2%: éste era el porcentaje de personas mayores de 70 años. En cambio, en 2010 los porcentajes eran de 39.4% para la base y 4.2% para la punta, y en 2020, los porcentajes fueron de 33.8% y 5.3%, respectivamente. En otras palabras, la tendencia de estas pirámides muestra claramente que cada vez hay menos niños y más ancianos. ¿Y cuándo se detendrá el envejecimiento de la población?

El índice de envejecimiento muestra de manera contundente esta tendencia en nuestro país. Si hacemos lo mismo que con la gráfica de población total, es decir, restamos la cifra de cada año con la del periodo anterior, vemos que la población de nuestro país está envejeciendo cada vez más rápido y con una aceleración marcada en los últimos 10 años: de 1990 a 1995 el índice creció 3% al pasar de 16% a 19%; en 2000 aumentó tan sólo 2%; en 2005, 5%; en 2010 creció también 5%; y en la última década el crecimiento de este índice se aceleró: en 2015, 7% y en 2020, 10%.

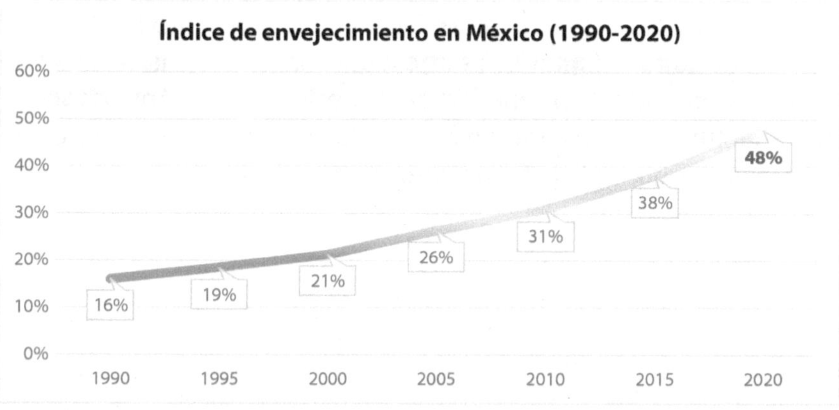

Fuente: elaboración propia con datos de los censos
de población y vivienda de 2001 a 2021.

En resumen, el crecimiento poblacional en nuestro país se está desacelerando: la tasa de natalidad va en declive y el índice de envejecimiento en aumento. Esta tendencia es mucho más marcada en el periodo que estamos estudiando: los primeros 23 años de este milenio. En otras palabras, en nuestra sociedad digital la gente no está teniendo hijos, por lo que en unos años el porcentaje de ancianos en nuestro país será mayor, con todas las implicaciones que esto acarrea.

1.3. La gente lee cada vez menos

Es un lugar común de nuestra cultura decir que la lectura es una actividad enriquecedora, así como una señal de progreso en una sociedad. Vinculamos la lectura con un alto nivel educativo, la adquisición de conocimiento y el desarrollo de nuestras capacidades mentales. Por todo ello resulta pertinente preguntarse qué tanto lee la gente en nuestra cultura digital, pues otro lugar común es considerar que el acceso a internet y la propiedad de dispositivos electrónicos fomentan la lectura y el consumo de contenido educativo, artístico y cultural. Sin embargo, en la gráfica vemos otra realidad:

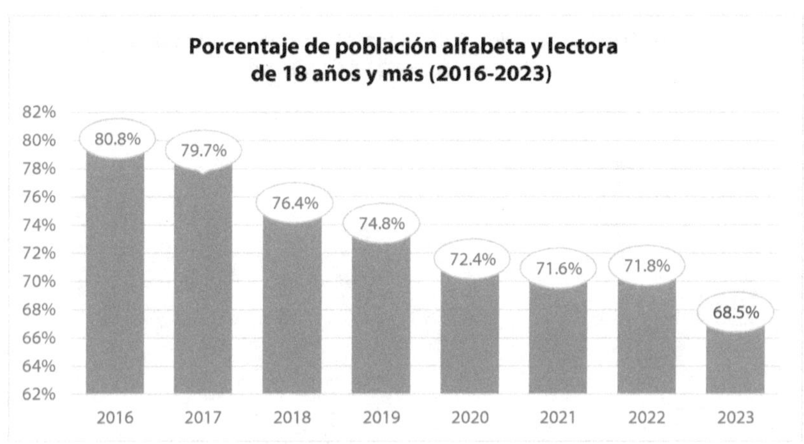

Fuente: elaboración propia con datos del Módulo
sobre Lectura (Molec) 2023 del Inegi.

De 2016 a 2023 el porcentaje de personas alfabetas mayores de 18 años que lee libros, revistas, periódicos, historietas, páginas de internet y foros o blogs ha ido disminuyendo constantemente. El porcentaje de esta población que leía cualquiera de estos materiales de lectura en 2016 era de 80.8%, mientras que en 2023 es de 68.5%: una reducción de 12 puntos porcentuales en tan sólo siete años. Es decir, contrario a lo que podríamos pensar por la propiedad casi universal de dispositivos tecnológicos con acceso a internet en nuestro país, esto no ha propiciado un aumento de los niveles de lectura. La gente navega en internet, pero no para leer. Veamos ahora en qué formatos lee la gente de acuerdo con su edad:

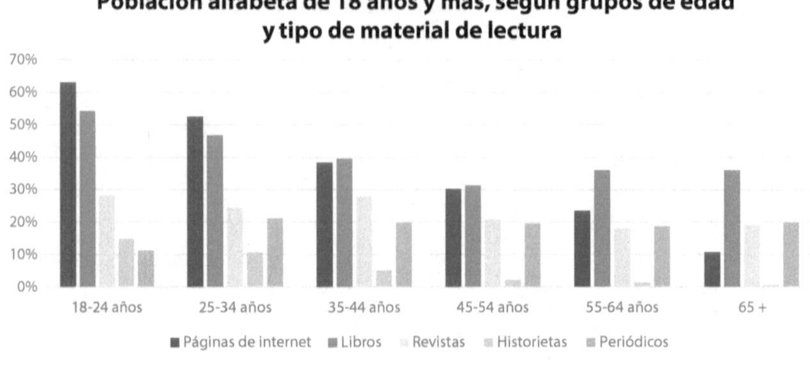

Fuente: elaboración propia con datos del Molec 2023, del Inegi.

La gente de entre 18 y 34 años lee más páginas web que libros físicos. Esta relación se invierte a partir de los 35 años, pues la población de 35 en adelante lee más libros físicos que páginas de internet. Vale la pena preguntarse si existe una correlación entre el tiempo que la gente pasa en internet y sus hábitos de lectura, pero por ahora podemos afirmar que la gente en México lee cada vez menos; es decir, la idea de que internet sería una especie de enciclopedia universal que llevaría el saber y la cultura a toda la población no se sostiene en la realidad. Por otro lado, vale la pena preguntarse por la calidad del contenido que se lee, porque los filtros para subir información a internet son casi inexistentes. Pero en este vistazo sólo presentamos los datos sobre la cantidad de lectura de los mexicanos, no analizamos el contenido de lo que leen. El hecho es que la gente lee cada vez menos, ¿y entonces qué hace cuando navega en internet? A esa pregunta responderemos más adelante.

1.4. La gente está cada vez más deprimida

Encontrar datos fiables y estudios comprehensivos sobre salud mental en nuestro país es una tarea ardua. Es más, para esta sección no encontramos cifras precisas del número de personas que padecen depresión en México. Sin embargo, con los pocos datos que presentamos a continuación nos podemos hacer una imagen inicial de la salud mental en el México digital.

La siguiente gráfica muestra la tasa de casos nuevos de depresión anuales entre 2014 y 2021. Se trata de una tasa y no de la cantidad de personas que presentan depresión, por lo que debemos visualizar la tendencia y no enfocarnos en las cifras absolutas. Cabe señalar que lo más probable es que la disminución en 2020 se deba a una suspensión del registro como consecuencia de la pandemia más que a una disminución en el número real de casos de depresión. Con estos criterios en mente, podemos decir que la gráfica muestra, por lo tanto, una tendencia preocupante de 2014 a 2021; el aumento de la depresión en la población en general resulta alarmante, pero de manera especial entre las mujeres.

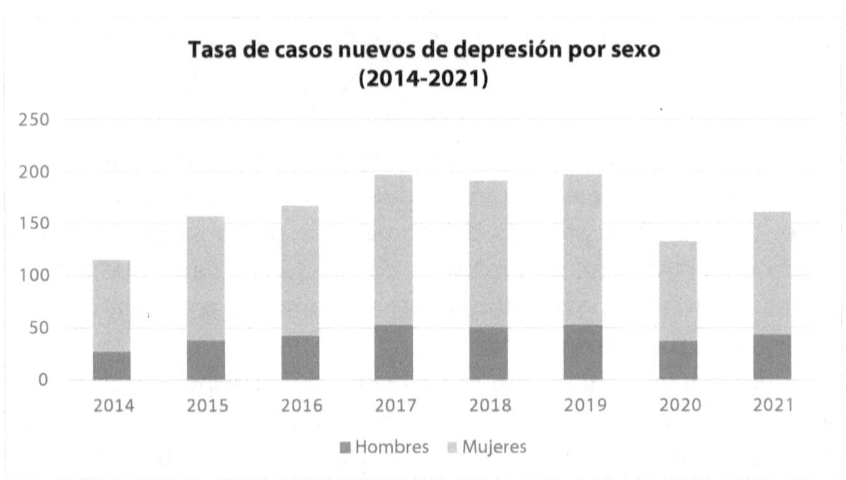

Fuente: elaboración propia con datos del Módulo
sobre Salud Mental, del Inegi, de 2014 a 2021.

En la siguiente tabla mostramos las cifras exactas de la tasa de casos nuevos de depresión y resaltamos los años en que esta tasa aumentó en comparación con el año anterior. En general, la tasa para las mujeres es el triple que para los hombres. ¿Por qué la depresión está aumentando más rápidamente entre las mujeres que entre los hombres? ¿Qué otras formas hay de medir el estado de la salud mental en nuestro país? ¿Existe alguna relación entre las demás características de la cultura digital y el aumento de las enfermedades mentales en México? Éstas son preguntas apremiantes para las que todavía carecemos de medios para responder adecuadamente.

Año	Hombres	Mujeres
2014	27.12	87.71
2015	38.98	118.63
2016	42.4	125.1
2017	53.42	143.73
2018	51.3	140.04
2019	52.8	144.74
2020	37.45	95.27
2021	44.21	117.22

Fuente: elaboración propia con datos del Módulo
sobre Salud Mental, del Inegi, de 2014 a 2021.

Si vemos las cifras de muertes por suicidio, podemos hacernos una imagen más nítida del problema de la salud mental en nuestro país. La tendencia es clara y extremadamente preocupante: en 1994 se registraron alrededor de 2 500 defunciones por suicidio; 10 años después, en 2004, poco más de 4 000; 10 años después, en 2014, aproximadamente 6 200; y tan sólo siete años después, en 2021, alrededor de 8 300. Estas cifras reflejan dolorosamente que la sociedad mexicana en nuestra época padece un malestar generalizado y creciente que se ha convertido en un problema de salud pública.

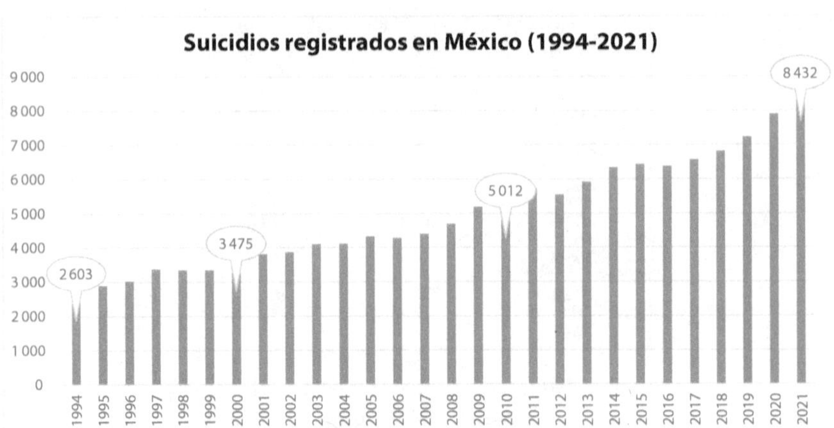

Fuente: elaboración propia con datos del Módulo
sobre Salud Mental, del Inegi, de 1994 a 2021.

En la gráfica de la tasa de casos nuevos de depresión vimos que el aumento en este padecimiento era mayor entre las mujeres que entre los hombres, pero cuando se trata de suicidios, los hombres son los que más se quitan la vida, como lo muestra la gráfica siguiente.

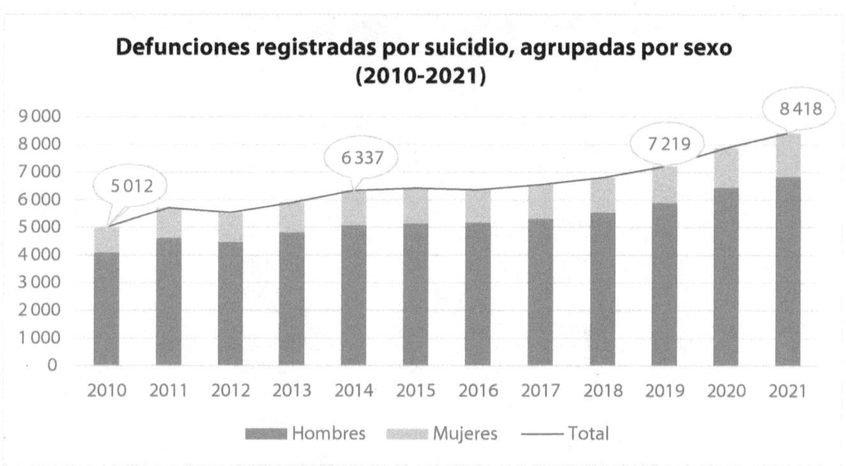

Fuente: elaboración propia con datos del Módulo
sobre Salud Mental, del Inegi, de 2010 a 2021.

La depresión está aumentando en mujeres, pero en el caso de los hombres parece que este padecimiento los lleva más seguido al extremo de suicidarse, pues el número de defunciones registradas por suicidio en hombres es más de cuatro veces que el de mujeres, como se muestra en la tabla siguiente:

Año	Hombres	Mujeres
2010	4 091	921
2011	4 621	1 095
2012	4 470	1 076
2013	4 825	1 082
2014	5 080	1 257
2015	5 141	1 280
2016	5 181	1 187
2017	5 323	1 233
2018	5 540	1 265
2019	5 906	1 313
2020	6 452	1 436
2021	6 850	1 568

Fuente: elaboración propia con datos del Módulo
sobre Salud Mental, del Inegi, de 2010 a 2021.

Estos datos deberían bastar para darnos cuenta de que algo no anda bien en nuestra cultura digital. Estamos conectados todo el tiempo, contamos con toda la información al alcance de unos cuantos clics y, sin embargo, ¿somos más felices?, ¿podemos decir que nuestras vidas están llenas de sentido? Más preguntas para reflexionar profundamente.

1.5. ¿Qué hace la gente en internet?

La forma en que la gente navega en internet ha cambiado a lo largo del tiempo. Hace unos años la única forma de conectarse era por medio de una computadora de escritorio y la línea telefónica. Literalmente se conectaba uno a internet con un cable. En la computadora se tenía que abrir un navegador para explorar las páginas de internet o se ingresaba a un videojuego en el que había la opción para jugar con personas que se encontraban en otro lugar del mundo. Eso era prácticamente todo.

Los teléfonos inteligentes y la conexión inalámbrica revolucionaron por completo la navegación en internet. Surgieron las aplicaciones y las plataformas de *streaming*, ya sea para escuchar música o para ver videos. Aparecieron la banda ancha, el Wifi y los datos móviles. Surgió el GPS y el rastreo permanente de la ubicación de las personas. Los límites de la privacidad se volvieron cada vez más difusos y los datos se convirtieron en el nuevo oro. Y todo esto sucedió en menos de 10 años.

En las secciones anteriores vimos que la mayoría de la población en nuestro país tiene un teléfono inteligente. Vimos también que los mexicanos usan internet en promedio más de cuatro horas al día. Entonces la pregunta ahora es, ¿qué hace la gente tanto tiempo en internet? Si lo preguntas directamente, las personas responden lo siguiente:

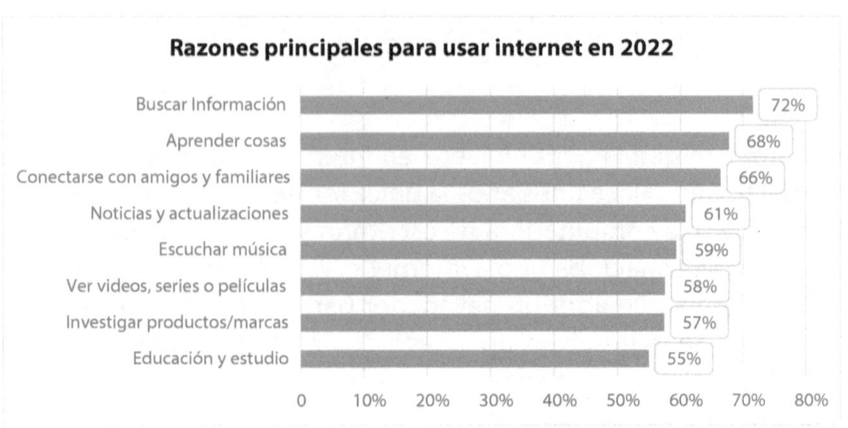

Fuente: elaboración propia con datos del reporte
"Digital 2022: México" de We Are Social.

"Buscar información" es la respuesta más común entre los encuestados, con 72%. Esto no nos dice mucho, porque dicha categoría es en realidad demasiado amplia y ambigua. De hecho, varias de las demás respuestas pueden entrar en esta clasificación, como, por ejemplo, "Aprender cosas", "Noticias y actualizaciones", "Investigar productos/marcas". Debemos tomar en cuenta que se trata de una encuesta con opciones de respuestas genéricas y que los porcentajes no suman 100% porque una persona puede señalar varias de las opciones al mismo tiempo. El 66% de los encuestados respondió que usa internet para "Conectarse con amigos y familiares"; esto incluye, por lo tanto, servicios de mensajería como WhatsApp y todas las redes sociales. El 59% respondió "Escuchar música"; el 58%, "Ver videos series o películas" y el 55%, "Educación y estudio". En resumen, la gente usa internet para socializar, para entretenerse y para la escuela casi en la misma medida.

Si revisamos cuáles son las páginas más visitadas en nuestro país, podemos ver con más precisión qué tipo de contenido consumen los mexicanos:

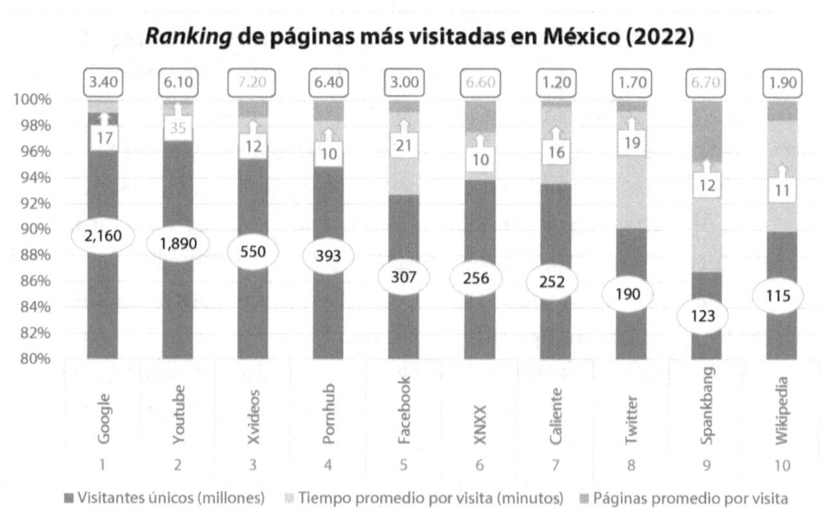

Fuente: elaboración propia con datos del reporte
"Digital 2022: México" de We Are Social.

No es sorpresa que la página más visitada en 2022 sea Google, porque la mayoría de la gente lo tiene como portal de inicio en su navegador, además de que es el motor de búsqueda más popular del mundo. La siguiente página más visitada es YouTube, plataforma de videos que se ha mantenido como la más popular desde sus inicios. Y aquí comienzan los datos reveladores: el tercer y cuarto lugar de páginas más visitadas los ocupan dos portales de pornografía. El quinto lugar es para Facebook, la red social más usada en el mundo y en nuestro país. Luego, en sexto lugar viene otra página de pornografía. El séptimo puesto lo ocupa Caliente, una plataforma de apuestas deportivas; el octavo, Twitter (ahora llamado X), una red social caracterizada por la facilidad de compartir información textual breve; el noveno, otra página de pornografía y finalmente, el décimo lugar lo ocupa Wikipedia, la enciclopedia virtual a la que la gente acude con más frecuencia para obtener información de todo tipo.

Si presentamos el *ranking* de páginas más visitadas en nuestro país por su contenido, se vería así: buscador, videos, pornografía, pornografía, red social, pornografía, apuestas, red social, pornografía y enciclopedia. En otras palabras, cuatro de las 10 páginas más visitadas en México en 2022 son pornográficas, mientras que tan sólo dos son redes sociales. Podríamos decir entonces, de manera algo simplista, que esta gráfica lo que nos dice es que la mayoría de los mexicanos usa internet para ver pornografía, para apostar y para socializar en las redes.

El tiempo promedio por visita es el más alto en YouTube (35 minutos), seguido por Facebook (21 minutos) y Twitter (19 minutos); luego viene Caliente, el portal de apuestas (16 minutos); y los minutos que pasa la gente en Wikipedia son casi los mismos que los que invierte viendo pornografía (entre 10 y 12 minutos). Sin embargo, visitar páginas web no es la principal forma en que la gente navega en internet, pues ahora se usan aplicaciones. A continuación mostramos el *ranking* de aplicaciones con más usuarios en México, las aplicaciones más descargadas y cuáles son las aplicaciones en las que más gasta la gente.

Ranking de usuarios activos de aplicaciones en México (2022)

#	Aplicación	Compañía
1	WhatsApp	Meta
2	Facebook	Meta
3	Facebook Messenger	Meta
4	Instagram	Meta
5	TikTok	Bytedance
6	Spotify	Spotify
7	Mercadolibre	Mercadolibre
8	Netflix	Netflix
9	Amazon	Amazon
10	Twitter	Twitter

Fuente: elaboración propia con datos del reporte
"Digital 2022: México" de We Are Social.

Podemos ver que las aplicaciones más usadas por la gente en nuestro país son las redes sociales y los servicios de mensajería, que ocupan los primeros cinco lugares del _ranking_. Específicamente, las aplicaciones más usadas son las de Meta, empresa que antes se llamaba Facebook. Spotify, aplicación para escuchar música, ocupa el sexto lugar. Luego le sigue Mercadolibre, aplicación para hacer compras en línea. El octavo lugar lo ocupa Netflix, plataforma para ver series y películas; el noveno, Amazon, otra aplicación para hacer compras y el último puesto lo ocupa Twitter, una red social.

***Ranking* de descargas de aplicaciones en México (2022)**

#	Aplicación	Compañía
1	TikTok	Bytedance
2	WhatsApp	Meta
3	Facebook	Meta
4	Prendetv	Meta
5	Instagram	Meta
6	Shein	Spotify
7	Spotify	Mercadolibre
8	Facebook Messenger	Meta

Fuente: elaboración propia con datos del reporte
"Digital 2022: México" de We Are Social.

El *ranking* de las aplicaciones más descargadas en 2022 en nuestro país, que mostramos arriba, es muy similar al de usuarios activos, con un predominio de las redes sociales y los servicios de mensajería (cinco de ocho lugares). Una diferencia es que, en cuanto al número de descargas, TikTok ocupa el primer lugar. Prendetv es la plataforma de *streaming* de Facebook y ocupa el cuarto lugar; luego viene Instagram, red social en la que se comparten principalmente imágenes y videos cortos, seguida de Shein, aplicación para comprar ropa en línea. En séptimo y octavo lugares se encuentran Spotify y Facebook Messenger, respectivamente.

Vemos, por lo tanto, que la gente en nuestro país usa las aplicaciones principalmente para socializar, comprar y escuchar música o ver videos. El *ranking* de gasto en aplicaciones nos revela, por otra parte, que la gente usa internet no sólo para socializar con amigos y familiares, sino que también lo hace cada vez con más frecuencia para conocer pareja.

Ranking de gasto en aplicaciones en México (2022)

#	Aplicación	Compañía
1	Disney +	Disney
2	HBO Max	Warner
3	Youtube	Google
4	Tinder	Match group
5	Star+	Disney
6	Crunchyroll	Sony
7	TikTok	Bytedance
8	Google One	Google
9	Twitch	Amazon
10	Bumble	Bumble

Fuente: elaboración propia con datos del reporte
"Digital 2022: México" de We Are Social.

Los tres primeros lugares en cuanto a gasto lo ocupan diferentes plataformas de _streaming_. En cuarto lugar se encuentra Tinder, aplicación para conocer personas, que cuenta con la opción de pagar para tener más opciones a la hora de buscar pareja. El quinto lugar lo ocupa Star+, plataforma de _streaming;_ el sexto, Crunchyroll, plataforma de contenido anime y manga; luego viene TikTok, seguida de Google One, ambas son redes sociales; en noveno lugar viene Twitch, plataforma de _streaming_ ampliamente usada para transmitir sesiones de videojuegos; finalmente, en décimo lugar está Bumble, aplicación para conocer gente, igual que Tinder.

Si queremos ahondar un poco en el uso de las redes sociales en nuestro país, veremos que, a nivel mundial, México es el quinto país con más tráfico en las cinco principales redes sociales combinadas: Facebook, Instagram, TikTok, Twitter y WhatsApp, como se muestra en la siguiente gráfica. Estados Unidos ocupa el primer lugar de la lista con alrededor del 17% del tráfico del mundo, seguido por India,

Brasil y Japón. México, por su parte, acumula casi el 4% del tráfico mundial en estas redes.

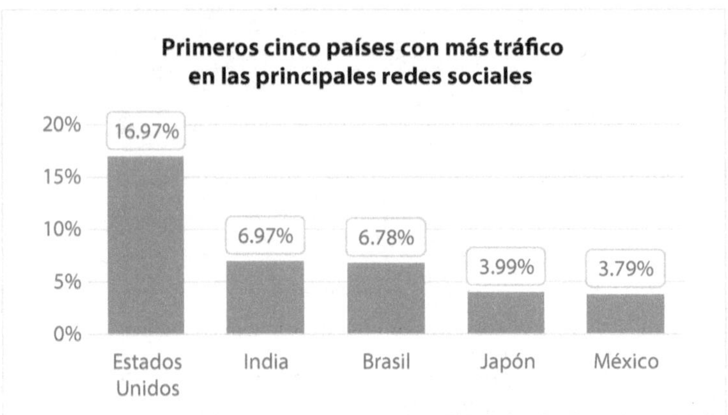

Fuente: elaboración propia con datos de la página
de tráfico de internet Similarweb.com.

En México, la red social que sigue dominando el mercado es Facebook, como se muestra en la siguiente gráfica, pues ella sola tiene la misma cantidad de tráfico que las otras cuatro redes sociales combinadas.

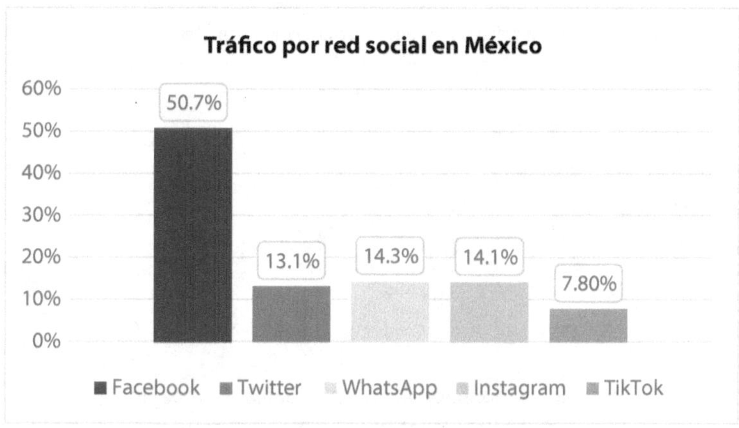

Fuente: elaboración propia con datos de la página
de tráfico de internet Similarweb.com.

Respecto a la edad y el género de los usuarios, vemos que, en el mundo, el grupo de edad que más usa estas redes sociales es el de 25 a 34 años, seguido del grupo de 18 a 24 y luego por el grupo de 35 a 44. Sólo en los grupos de edad más jóvenes, es decir, de 18 a 34 años, la red social más utilizada es TikTok y la menos utilizada, Facebook. Esto se invierte para los grupos de edad de 35 años en adelante, en los que Facebook pasa a ser la red social más utilizada y TikTok la menos utilizada, como podemos ver en la siguiente gráfica.

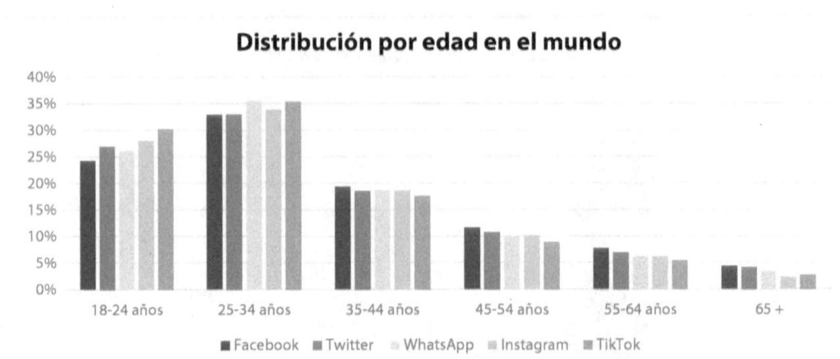

Distribución por edad en el mundo

Fuente: elaboración propia con datos de la página
de tráfico de internet Similarweb.com.

En cuanto al sexo, los hombres usan estas cinco principales redes sociales en mayor proporción que las mujeres, como se muestra en siguiente gráfica. La diferencia más marcada es en Twitter, red social que los hombres usan en poco más del 60% en comparación con las mujeres.

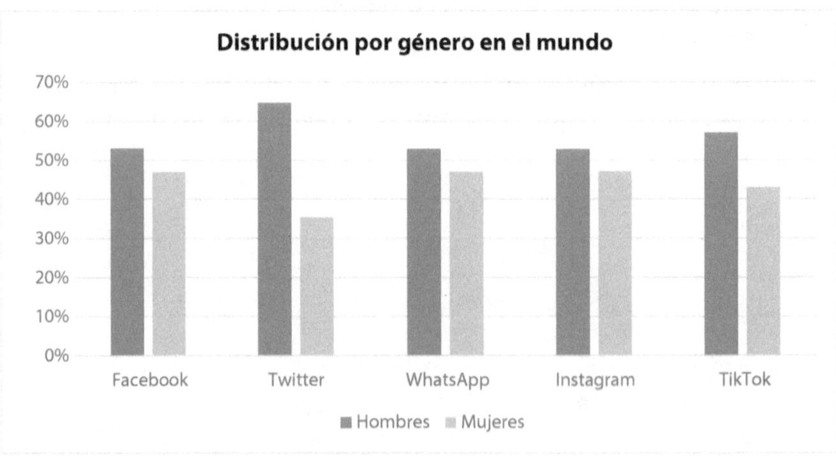

Distribución por género en el mundo

Fuente: elaboración propia con datos de la página
de tráfico de internet Similarweb.com.

Éstos son datos a nivel mundial, pero es probable que la distribución de los usuarios en México sea muy similar, es decir: las personas entre 25 y 34 años son las que más usan las principales cinco redes sociales y en todas ellas son más los hombres que las mujeres los usuarios que las utilizan. Ahora bien, como vimos anteriormente, las aplicaciones más usadas en México en 2022 fueron principalmente las redes sociales, las aplicaciones para comprar en línea y las aplicaciones de *streaming*. En otras palabras, la gente usa aplicaciones para socializar, para comprar y para entretenerse viendo series o películas y para escuchar música. Sin embargo, en nuestro país formas más tradicionales de entretenimiento audiovisual siguen dominando el mercado, como podemos ver en la siguiente gráfica:

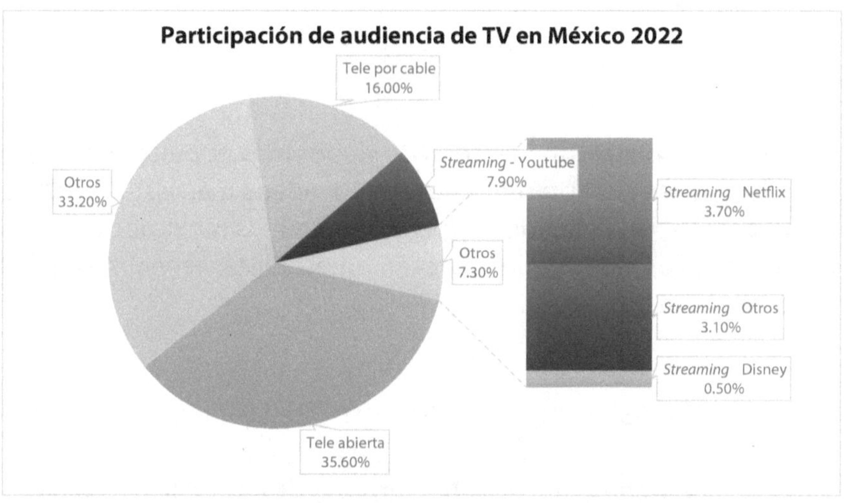

Fuente: elaboración propia con datos de la publicación
de *The Gauge: Mexico,* Nielsen ᴵBOPE.

Poco más de la mitad del consumo de contenido de entretenimiento es por televisión abierta (35.6%) o por servicios de cable

(16%); es decir, en nuestro país la gente sigue viendo la televisión. La categoría Sólo un 12% del consumo de entretenimiento "Otros" abarca 33% del consumo de entretenimiento en México e incluye dispositivos periféricos, como consolas de videojuegos, que no están siendo utilizados. Sólo un 12% del consumo de entretenimiento es mediante las plataformas de *streaming,* con YouTube como la principal de ellas (7.9%), seguida por Netflix (3.7%).

Ahora revisaremos los videos y los creadores de contenido más vistos en YouTube, los artistas y géneros más escuchados en Spotify y las series más vistas en Netflix en 2022 para terminar con este vistazo al México digital.

1.6. ¿Qué ven y escuchan los mexicanos?

YouTube es la plataforma gratuita de videos más popular en nuestro país. A continuación presentamos los 10 videos más vistos en 2022 para hacernos una idea de lo que consumen los mexicanos en esta plataforma. Los videos que aparecen en esta lista tienen más de 10 millones de vistas.

Videos más vistos en YouTube en 2022

1. Se viene el tercer bebé, sorpresa de aniversario (broma a mi esposo), de Kimberly Loaiza.
2. La venganza de los productores de infomerciales inútiles, de Missa Sinfonia.
3. Monólogo "No somos iguales", de Franco Escamilla.
4. Siendo papá soltero en un avión, de Juan de Dios Pantoja.
5. Dr. Dre, Snoop Dogg, Eminem, Mary J. Blige, Kendrick

Lamar & 50 Cent Full Pepsi SB LVI Halftime Show de NFL.
6. Me comí la porción de pizza más grande del mundo, de MrBeast en español.
7. Gran final Free Fire League apertura 2022, de Garena Free Fire LATAM.
8. Sospechamos que Lesslie está embarazada, seremos tíos, de Los Polinesios.
9. Daniela Luján, Mariana Botas y Jessica Segura en Pinky Promise. T. 3 - ep. 36, de Pinky Promise.
10. Eugenio Derbez, un genio de la comedia. Primera parte. La entrevista con Yordi Rosado, de Yordi Rosado.

Fuente: elaboración propia con datos de *Ranking: los 10 videos musicales más vistos en YouTube. México 2022*, de Business Insider Mexico.

Sin pretender profundizar en el contenido de los anteriores videos, podemos decir que la mayoría (6 de 10) fueron realizados por influencers, o celebridades que no son actores profesionales, músicos ni artistas, sino que se han vuelto famosos por el número de reproducciones de sus videos en YouTube. Dos son de eventos: el Superbowl y la final del torneo de un videojuego, y dos son de comediantes profesionales: Franco Escamilla y Yordi Rosado.

Franco Escamilla, el número tres en la lista, tiene más de 12 millones de seguidores en su cuenta de YouTube; Kimberly Loaiza, la número uno en la lista, tiene más de 15 millones de seguidores; MissaSinfonia, el número dos en la lista, tiene más de 17 millones; MrBeast en español, único creador de contenido no hispanoamericano en la lista, tiene más de 24 millones, y, para dimensionar el éxito de estos youtubers en comparación con los actores y comediantes profesionales, mencionaremos que Yordi Rosado, el número 10 en la lista, tiene poco más de 3 millones de seguidores.

Spotify es una plataforma de paga para escuchar música. A continuación presentamos los artistas hombres y mujeres más escuchados en nuestro país en 2022.

Artistas hombres más escuchados en México en 2022

1. Bad Bunny
2. Rauw Alejandro
3. Grupo Firme
4. Luis R. Conriquez
5. Christian Nodal
6. J Balvin
7. Junior H
8. Carín León
9. Luis Miguel

Artistas mujeres más escuchadas en México en 2022

1. Karol G
2. Shakira
3. Taylor Swift
4. Dua Lipa
5. Rosalía
6. Kenia OS
7. Danna Paola
8. Yuridia
9. Becky G

Fuente: elaboración propia con datos de Los mexicanos consumieron más contenido latino y local en 2022, *Expansión*.

Todos los artistas hombres que aparecen en la lista de los más escuchados en 2022 son cantantes en español, mientras que en la lista de mujeres aparecen dos artistas que cantan en inglés: Taylor Swift y Dua Lipa. De la lista de hombres queremos resaltar a Junior H por tratarse de un joven de 23 años que pertenece a una corriente musical que se ha popularizado en todo el mundo, conocida como "corridos tumbados". En los primeros meses de 2023 saltó a la escena internacional Peso Pluma, otro artista mexicano muy joven, que en julio de 2023 se ubicaba en el número 40 de artistas más escuchados en el mundo en esta plataforma. Este nuevo género musical combina el trap con la música banda y regional mexicana y se caracteriza porque sus letras fomentan un estilo de vida fuertemente relacionado con el narcotráfico en nuestro país.

Netflix es una plataforma de paga para ver series y películas. Es la plataforma de *streaming* más popular del mundo, contaba con más de 180 millones de usuarios en todo el planeta a principios de 2020. Como vimos anteriormente, Netflix es la plataforma de paga más utilizada en México. A continuación presentamos las 10 series más populares en México en 2022.

**_Ranking_ de series por el número de semanas
en el top 10 en Netflix (2022)**

Serie	Número de semanas en el top 10
Yo soy Betty, la fea	1 485
Til Money do us Part	300
Falsa identidad	281
La reina del sur	280
Wednesday	231
Café con aroma de mujer	210
Stranger Things	170
Paw Patrol	153
El Chema	136
Manifest	129

Fuente: elaboración propia con datos de la página
de tráfico de Netflix Research.

Como podemos ver en el _ranking_ anterior, el contenido que más consumen los mexicanos en esta plataforma son telenovelas hispanoamericanas: 6 de 10 de las series en la lista son de este tipo, incluida Til Money do us Part, que a pesar del título en inglés es una serie colombiana. Dos de ellas tienen contenido relacionado con el narcotráfico: La reina del sur y El Chema. Las dos series de contenido en inglés son Wednesday y Stranger Things. Una serie de la lista está dirigida al público infantil: Paw Patrol. Estos datos coinciden con lo que descubrimos anteriormente sobre el consumo de contenido tradicional por parte de la gran mayoría de la población mexicana, pues las telenovelas siguen dominando el mercado del entretenimiento en nuestro país tanto en la televisión abierta como en la televisión de paga.

De igual forma que con los artistas musicales más escuchados, cabe destacar la presencia de la cultura del narcotráfico en el contenido de series que consumen los mexicanos, pero en este vistazo no ahondaremos en este fenómeno, tan sólo nos limitamos a señalarlo.

Puntos clave del México digital

Presentamos ahora un resumen de los puntos clave de este vistazo que hemos realizado del México digital. Esperamos que estos datos resulten útiles para que el lector responda por su propia cuenta a las preguntas más apremiantes de nuestra época.

- El teléfono inteligente no es una simple mejora del teléfono tradicional: nos mantiene conectados a internet todo el tiempo.
- La mayoría de los mexicanos tienen un teléfono inteligente (casi el 80% de los hogares en el país).
- Más del 90% de la población de 12 a 34 años usa internet.
- La población de 18 a 34 años es la que más tiempo pasa al día en internet, más de 5 horas en promedio (el promedio nacional en 2022 es de 4.5 hrs).
- La tasa de natalidad en nuestro país alcanzó un mínimo histórico (15.6) en 2020.
- El índice de envejecimiento sigue creciendo y alcanzó 48% en 2020.
- La gente está teniendo cada vez menos hijos, por lo que la población está envejeciendo.
- El porcentaje de la población alfabeta que lee está disminuyendo; pasó de 80.8% en 2016 a 68.5% en 2021.
- La población de 18 a 34 años lee más páginas de internet que libros físicos.
- La depresión y el suicidio van en aumento en nuestro país: las mujeres presentan una tasa de casos nuevos de

depresión más alta que los hombres; los hombres se suicidan más.

- La gente dice que usa internet para buscar información (72%), conectarse con amigos y familiares (68%), escuchar música (59%), ver videos, series y películas (58%) y por motivos de educación y estudio (55%).
- Cuatro de las 10 páginas web más visitadas en México en 2022 fueron de pornografía.
- Las aplicaciones más usadas en México en 2022 fueron redes sociales y plataformas para hacer compras en línea.
- Facebook sigue siendo la red social más usada en México.
- La gente gasta más dinero en aplicaciones de *streaming* y para conocer personas (Tinder y Bumble).
- México es el quinto país en el mundo con más tráfico en las principales cinco redes sociales: Facebook, Twitter, Instagram, TikTok y WhatsApp.
- La televisión abierta (35.6%) y la televisión por cable (16%) siguen siendo los principales medios de consumo de entretenimiento de los mexicanos.
- En YouTube seis de los 10 videos más vistos en 2022 son contenido de influencers, no de artistas profesionales.
- En Spotify los mexicanos escuchan principalmente música en español, con la aparición de artistas jóvenes y un nuevo género musical: los corridos tumbados.
- En Netflix los mexicanos vieron principalmente telenovelas (6 de las 10 series más vistas) en 2022.

2. Padecimientos físicos y mentales en la era digital

Carlos Alberto Morales Peña

En pocas palabras

La cultura digital moldea tan fuertemente nuestras vidas que no nos damos cuenta de sus excesos: jornadas laborales larguísimas sentados frente a la computadora, obsesión por la apariencia física y la obtención de *likes,* exposición a fraudes y pérdida de la información personal, acoso en redes, polarización y resentimiento ocasionado por noticias falsas. La virtualidad de la cultura digital nos nubla la vista ante los riesgos que implica estar conectados todo el tiempo: desde malestares físicos y enfermedades mentales hasta dificultades para socializar en la vida real. Supuestamente la tecnología nos ha ayudado a liberarnos de muchas cargas, pero a veces parece que los problemas ocasionados por su mal uso son mayores a sus ventajas; el primer paso para enfrentarlos es tomar conciencia de lo que somos y lo que queremos. Y para ello debemos hacer lo más difícil: apagar nuestros dispositivos y desconectarnos un rato.

El consumo de medios digitales ha ido en incremento en los últimos años a nivel mundial. Según un estudio de DataReportal, & We Are Social, & Meltwater, publicado en febrero de 2023,[1] México ocupa el segundo lugar con más usuarios conectados en Latinoamérica. En México el acceso a internet ha llegado a ser considerado como un servicio básico. Algunos expertos consideran que gran parte del crecimiento tecnológico está relacionado con el confinamiento por la pandemia de covid-19, pues obligó a que muchas actividades se desarrollaran de manera remota, tales como el trabajo y la educación:

> Impulsada por el fin de la pandemia de covid-19 y el auge de nuevas tecnologías, como la inteligencia artificial (IA). El país ha experimentado cambios significativos en la forma en que la población interactúa con la tecnología y el mundo digital, lo que ha llevado a un aumento en la adopción de soluciones digitales y al surgimiento de nuevas oportunidades y desafíos.[2]

Tener presente el desarrollo paulatino y el gran porcentaje de la población con acceso a internet nos permite considerar cuál es el grueso de la población que usa este servicio, sus tendencias principales y los riesgos más importantes.[3] El uso de redes sociales es una de las principales actividades en las que los usuarios invierten la mayor parte de su tiempo. La búsqueda de información y la interacción con otros usuarios destaca como la actividad fundamental en las redes sociales; sin embargo, hay una preocupación constante en la interacción mediante las redes sociales, la compra de productos y servicios en línea, y la descarga de contenido, ya que todo ello implica

---

[1] DataReportal, & We Are Social, & Meltwater. Número de usuarios de internet por país en América Latina en enero de 2023 (en millones) [gráfica]. *Statista*. Recuperado el 27 de junio de 2023: es.statista.com/estadisticas/1073677/usuarios-internet-pais-america-latina/

[2] *Idem.*

[3] Para un panorama más detallado del acceso a internet y el uso de dispositivos tecnológicos en México, cfr. Un vistazo al México digital, primer artículo de este libro.

exponerse a ciertos riesgos. Los usuarios identifican los riesgos más comunes a los que se exponen: robo de datos personales, invasión de virus informáticos, invasión de la privacidad, fraude, ciberacoso o recibir contenido desagradable. Lo anterior vulnera los datos personales, la privacidad e incluso la propia integridad.

Sin embargo, en otro nivel de análisis, hay un tipo diferente de riesgos a los que se pueden exponer los usuarios, tales como repercusiones en la salud física y mental. En el siguiente apartado se describirán algunos de los efectos más comunes que pueden llegar a generarse por el uso excesivo de medios digitales.

2.1. Uso de tecnologías y salud en México

El problema de la salud mental en México no es un asunto de menor importancia, además de que ha sido un problema siempre presente en nuestro país. Cada año los casos de problemas mentales van en aumento. De manera particular, en este apartado abordaremos la relación que existe entre el uso de redes sociales y medios digitales y la salud mental en México. Según varios informes, las repercusiones varían, pues van desde aspectos físicos, psicológicos, hasta los que vulneran la seguridad personal. Como se intentará describir en este apartado, hay una estrecha relación entre la salud mental y física, pues en tanto que somos una realidad psicosomática estas dos esferas de la realidad se interrelacionan. Comencemos con algunos de los problemas generales que identifican varios expertos respecto del uso prolongado de dispositivos.

Jennifer Lira Mandujano, investigadora de la Facultad de Estudios Superiores Iztacala, de la UNAM, considera que pasar demasiado tiempo conectado a una red social puede desencadenar dificultades para entablar relaciones personales de manera adecuada. También señala que quienes se encuentran más expuestos a estos riesgos son los jóvenes, pues "según datos de la Encuesta Nacional sobre Disponibilidad y Uso de Tecnologías de la Información en los Hogares, en México 9 de cada 10 jóvenes tienen acceso a un teléfono celular, estimando que hay 35.3 millones de jóvenes de entre 12 y 29 años que utilizan internet".[4]

La población joven es la que hace el mayor consumo de internet en el país[5] y también son los más propensos a desarrollar algún trastorno; una publicación del portal healthychildren.org menciona que los cerebros suelen estar en desarrollo hasta los 25 años aproximadamente. Por esta razón los adolescentes son naturalmente más impulsivos y no llegan a medir del todo las consecuencias de sus actos, además de que son más propensos a desarrollar algunos patrones de conducta relacionados con la exposición prolongada a dispositivos digitales.[6]

¿A qué tipo de conductas se está propenso por el uso excesivo de los medios digitales? Según la conferencia de la doctora Shoshana Berenzon, *Los retos de la atención en salud mental a dos años de la pandemia:*

Mantener una conexión excesiva en redes sociales puede llegar a convertirse en una adicción conductual, con indicadores similares a los del consumo de sustancias adictivas como el tabaco o el alcohol, en donde las personas, en su mayoría jó-

---

[4]   Daniel Robles. Adicción a las redes sociales, una amenaza para la salud mental. *Gaceta UNAM*, 13 de febrero de 2023, consultado en https://www.gaceta.unam.mx/adiccion-a-las-redes-sociales-una-amenaza-para-la-salud-mental/

[5]   *Idem.*

[6]   Council on Communications and Media, 7 de agosto de 2022, consultado en www.healthychildren.org/Spanish/family-life/Media/Paginas/Dangerous-Internet-Challenges.aspx#:~:text=Estos%20desaf%C3%ADos%20en%20l%C3%ADnea%20de,importante%20para%20todos%20los%20padres

venes, una vez que ingresan a las plataformas digitales, concentran prácticamente toda su rutina diaria en ello.[7]

Si bien el término adicción suele asociarse comúnmente con el consumo y abuso de sustancias químicas, lo peculiar de la adicción radica en que genera un estado impulsivo y de dependencia en la persona, lo que a la larga llega a afectar su desarrollo diario. Sería precipitado indicar la posibilidad de la existencia de una adicción a internet o a alguna red social; no nos corresponde a nosotros sostener una afirmación así, pero sí podemos señalar algunas de las repercusiones en la salud personal.

Una prolongada exposición y dependencia de los medios digitales puede tener repercusiones en el comportamiento de las personas. Aunado a lo anterior, una publicación del Instituto Mexicano de la Juventud señala que una encuesta realizada por la Sociedad Real de Salud Pública (de Reino Unido) reveló que Facebook, YouTube, Instagram, Twitter y Snapchat son las cinco redes sociales que se han vuelto "indispensables" en el día a día de la mayoría de los jóvenes; sin embargo, exponerse de manera prolongada puede llegar a empeorar el estado de salud mental en cuatro aspectos: la calidad del sueño, la imagen corporal, el ciberacoso y la inseguridad.[8] Uno de los aspectos físicos que destaca esta publicación es la escasez de horas de sueño, pues esto puede causar depresión y problemas físicos como presión alta, diabetes y obesidad.

Según las cifras del Instituto Mexicano de Medicina Integral del Sueño, el uso de redes sociales daña el sueño y los adolescentes son los más afectados, ya que el 70% de esta población se desvela a diario, principalmente por usar aplicaciones de mensajería

---

[7] XIII Coloquio de Investigación "Reflexiones desde la psicología para la salud mental en tiempos de covid-19", realizado vía remota e inaugurado por Jorge Luis Arellánez Hernández, director del Instituto de Investigaciones Psicológicas de la Universidad Veracruzana, del 27 al 29 de abril de 2023.

[8] Instituto Mexicano de la Juventud, 5 de junio de 2018, consultado en www.gob.mx/imjuve/articulos/las-redes-sociales-causan-problemas-en-la-salud

instantánea. Lamentablemente, no sólo se trata de un problema de sueño, sino de daños de otro tipo a la salud y el desarrollo, de acuerdo con Reyes Haro Valencia, director del Instituto.[9]

Aunado a los problemas que el dormir pocas horas puede desencadenar, el tiempo prolongado que las personas pasan encorvadas para estar en la computadora, tableta o celular llega a afectar de manera seria el sistema musculoesquelético, además de que se pueden presentar problemas en las manos, muñecas o en la columna cervical debido a posturas viciosas, que ocasionan contracturas o alteraciones óseas.[10] Como se ve, la exposición prolongada a los medios digitales puede desembocar en serios problemas de la salud física, pero también en ciertos trastornos o complejos de tipo psicológico.

Uno de los padecimientos de tipo psicológico más comunes en los adolescentes es la dismorfia. La dismorfia corporal o dismorfofobia es un trastorno psicológico relacionado con la autoimagen corporal. Las personas adolescentes que viven con esta patología tienen una percepción distorsionada de un defecto, ya sea real o imaginario, y se obsesionan por su apariencia al grado de utilizar herramientas físicas (maquillaje, ropa, accesorios) o digitales (filtros) para exaltar los rasgos sexuales más allá de su edad y desarrollo.[11] Los adolescentes son los más propensos a estar sumergidos en esta dinámica, ya que la apariencia física muchas veces juega un papel determinante en la obtención de *likes* y seguidores, lo que se traduce en popularidad, fama e incluso monetización. De ahí que se desarrolle un cuidado exagerado por la apariencia de sí mismos y la imagen que muestren al mundo por medio de las publicaciones. Sin embargo, la dismorfia

---

[9] Citado por Aimeé Soguez, 27 de mayo de 2020, consultado en retaildigital.mx/consecuencias-de-las-redes-sociales/

[10] Comunicado de prensa del Instituto Mexicano del Seguro Social, 19 de agosto de 2022, consultado en www.gob.mx/imss/prensa/recomienda-imss-preservar-medidas-higienicas-en-salud-mental-ante-uso-de-dispositivos-electronicos

[11] Sistema Nacional de Protección de Niños, Niñas y Adolescentes, 16 de abril de 2023, consultado en www.gob.mx/sipinna/es/articulos/belleza-digital-filtros-likes-e-hipersexualizacion-que-afectan-el-desarrollo-de-ninas-ninos-y-adolescentes

remite a una búsqueda constante de aceptación del resto de seguidores virtuales para poder estar conformes consigo mismos.

Este tipo de dinámicas refleja, en general, baja autoestima y una tendencia depresiva, que a su vez puede provocar la disminución de las habilidades sociales, tendencia al aislamiento, soledad[12] y la constante obsesión de permanecer conectado a las redes sociales para no perderse de ninguna publicación o novedad.

Según la especialista en psicología Lira Mandujano, la búsqueda de popularidad ha llevado a varios adolescentes a sumarse a la dinámica de los retos virales. En México, esta dinámica está tomando dimensiones preocupantes más allá de un juego extremo. En uno de los casos más recientes, decenas de jóvenes han puesto en riesgo su salud al utilizar medicamentos controlados, entre ellos clonazepam, como supuesta prueba de resistencia, para ver quién era el último en dormir después de consumir la sustancia altamente somnífera de prescripción psiquiátrica.[13] Algunos de los usuarios, sobre todo adolescentes, están tan enfocados en conseguir popularidad, que no miden las repercusiones de algunos de los retos virales; es preciso tener presente que algunos retos pueden poner en riesgo la seguridad personal, así como la salud. En varios casos esto llega a desembocar en accidentes graves, incluso en la muerte.

Entre los muchos problemas que puede generar el mal uso de los medios digitales, tanto físicos como psicológicos, se encuentran los nuevos modos de compraventa de narcóticos por medio de internet y de las redes sociales. Aunque la compraventa de drogas no es precisamente una consecuencia directa del uso de las redes sociales, el consumo de estas sustancias tiene una repercusión directa en la salud tanto física como psíquica. La página oficial del gobierno de México señala que algunos de los principales retos para la prevención y el tratamiento del uso de drogas es la difusión de nuevas

---

12   *Gaceta* UNAM, 13 de febrero de 2023.

13   *Idem.*

sustancias que se adquieren de manera fácil a través de internet y de las redes sociales, de manera que existen más de 700 nuevas sustancias psicoactivas disponibles en el mundo, la mayoría estimulantes, cannabinoides sintéticos y alucinógenos.[14]

En resumen, podemos decir que en México hay un alto porcentaje de usuarios de medios digitales. Los adolescentes y adultos jóvenes son quienes conforman el porcentaje más grande de usuarios activos en internet. También es esta población joven la que invierte una mayor cantidad de tiempo en medios digitales. La exposición prolongada de tiempo en medios digitales puede generar repercusiones en el ámbito de la salud física, como daños en el sistema musculoesquelético, contracturas o alteraciones óseas en manos, muñecas o columna cervical. Por otro lado, dormir pocas horas aumenta más la probabilidad de desarrollar diabetes, presión arterial alta y obesidad. En cuanto a las repercusiones en el plano psíquico están las siguientes: tendencia al aislamiento, disminución de habilidades sociales, soledad, baja autoestima, depresión y dismorfia.

Hay que tener presente que esto no significa que el uso de los medios digitales siempre genere malestares y enfermedades, se trata de mostrar un panorama general del uso excesivo de estos medios y los rangos de edad que son más susceptibles de padecerlos. La relación entre salud mental y cultura digital es un ámbito que está poco explorado y del que hay poca información cuantitativa al respecto. Tener esta información a la mano permitiría conformar un panorama general sobre las tendencias respecto de salud mental y con ello poder plantear caminos de oportunidad que permitan a las personas tener mejor conciencia del cuidado de su salud. Pero no todo es un panorama fatalista. Al contrario, podemos afirmar que los medios digitales son una herramienta muy útil y de provecho en la vida

---

[14] Centro de Integración Juvenil, 7 de septiembre de 2022, consultado en www.gob.mx/salud/cij/es/articulos/la-doctora-carmen-fernandez-dirigio-la-conferencia-salud-mental-y-adicciones?idiom=es

cotidiana. Lo que se necesita son vías de acción para sacarles provecho a estas herramientas y no caer en el uso excesivo de ellas.

2.2. Relacionalidad de la persona y cuidado de la salud

Pensar la condición de la persona nos remite a considerarla desde sus relaciones, su contexto y su cultura. La persona es en sí misma un ser relacional y dicho modo de manifestación relacional se puede dar en diversos planos y ámbitos, muchos de los cuales se empalman: "se superponen de múltiples modos, podemos citar por ejemplo la familia, la parentela, las amistades, la Idea, el grupo de compañeros de trabajo, la empresa, la sociedad de vecinos, la comunidad eclesial, la clase, el Estado, etcétera".[15]

La persona, en tanto que ser relacional, busca nuevos modos de apertura, como en el caso de la cultura digital. La cultura digital genera nuevas dinámicas relacionales. De manera particular en México, el 80.8% de la población tiene acceso a internet, y aunque este dato parezca menor, da cuenta por lo menos de dos cosas: por un lado, el avance tecnológico en los últimos años y, por el otro, el modo en cómo se va moldeando la cultura y se van generando nuevos modos de relaciones personales. Si bien la cultura digital y el uso de internet nos permiten expandir nuestros lazos sociales, el uso excesivo de estas herramientas y estar tan inmersos en dicha dinámica pueden generar el movimiento contrario, es decir, el aislamiento social y la incapacidad de entablar relaciones personales sanas.

Estar inmerso en los medios digitales presenta grandes ventajas en la comunicación, pero también acarrea ciertos problemas,

---

[15] Carlos Valverde, *Antropología filosófica*, Valencia, EDICEP, 2005, p. 70.

como una imagen virtual que no siempre se corresponde con la vida cotidiana personal y que se convierte en una carga y una exigencia de ser presentada a todos los usuarios de la red social. Esta relación entre lo individual y lo comunitario manifiesta la complejidad que tiene la realidad personal. Lo más natural en el hombre es hacer comunidad, pero la inmersión en una red social puede neutralizar y difuminar el ser individual de cada ser personal, de ahí la necesidad de un constante reconocimiento individual. Esto último puede notarse en la construcción desesperada de la imagen virtual y la obsesión desmesurada de estar volcado en su preservación.

En una dinámica cultural y digital como la nuestra, es necesario conocer las áreas de oportunidad del uso de estas herramientas, con el fin de aprovecharlas y reducir el riesgo de padecer algunos malestares o enfermedades. Por esta razón se señalarán algunas sugerencias y alternativas para el uso adecuado de los medios digitales. La propuesta en este sentido es hacer uso de los medios digitales sin caer en el exceso y así poder sacarles el máximo provecho.

El Instituto Mexicano del Seguro Social (IMSS) recomienda a la población aplicar medidas higiénicas en cuestión de salud mental para usar de manera adecuada las herramientas digitales, debido a que una persona, al utilizar en exceso un dispositivo o permanecer mucho tiempo dentro de las redes sociales, puede presentar disfunciones sociales, laborales o escolares al generarse una necesidad de estar conectado.[16] El doctor Óscar Bernardo Segura Santos, médico adscrito al Hospital Psiquiátrico Regional "Dr. Héctor Tovar Acosta" del Seguro Social en la Ciudad de México, subrayó que el teléfono móvil ha permitido llevar el trabajo a casa; sin embargo, se recomienda mantener un horario laboral, "como si estuviéramos atendiendo nuestro quehacer en la oficina. Debemos de tener horarios y medidas metódicas para no alterar nuestra convivencia social o familiar".

---

[16] IMSS 2022, *op. cit.*

Fijar un horario o ciertas reglas permitirá a los menores no excluirse de las actividades sociales o familiares.

Una de las alternativas viables y sencillas de aplicar que propone la Secretaría de Salud es, por lo tanto, fijar un horario para el uso de dispositivos. También se recomienda la supervisión de las actividades, así como de las páginas que visitan los niños y adolescentes, con el fin de prevenir que entren a páginas para adultos o que jueguen videojuegos que no sean los propios de su edad. Es importante el diálogo con los menores para poder saber cuáles son las actividades que hacen mientras están conectados a internet o redes sociales y con qué tipo de gente dialogan en la red. Hacer esto permite a los padres estar al tanto de las actividades virtuales de los menores.

Otra medida fundamental es no hacer uso de medios digitales antes de dormir, con el fin de prepararnos para la hora de descanso y no sobreestimular nuestra mente. Con ello se pueden combatir de alguna manera los problemas de insomnio y ansiedad. Tener una regulación de las horas de sueño permite prevenir algunos otros problemas derivados de la falta de sueño, como hipertensión, obesidad, ansiedad y depresión.

Por otro lado, la Secretaría de Cultura del Gobierno de México y el Centro de Cultura Digital (CCD) tienen dos proyectos para ayudar a la salud física y mental de los usuarios de redes sociales y dispositivos electrónicos: "Se trata de 'Botiquina', un bot para Twitter de desintoxicación digital, que ofrece recomendaciones de salud digital, y un 'Botiquín de autocuidado' que consiste en una serie de infografías con el propósito de poner énfasis en los cuidados en relación con las tecnologías que utilizamos".[17] Según la Secretaría de Cultura del Gobierno de México, el uso de este *bot* de desintoxicación digital ofrece la posibilidad de reflexionar sobre los impactos colaterales de estas tecnologías en la vida cotidiana: la ansiedad, el estrés,

---

[17] Secretaría de Cultura, 17 de agosto de 2020, consultado en www.gob.mx/cultura/prensa/el-centro-de-cultura-digital-presenta-un-bot-de-desintoxicacion-digital-e-infografias-que-invitan-al-autocuidado

el trabajo desmesurado y, paradójicamente, el aislamiento. El IMSS ofrece además una línea telefónica para orientación médica en salud mental, donde se brinda el servicio de especialistas, psicólogos y psiquiatras, con el fin de dar consejos o atender cualquier caso relacionado con la salud mental.

Hay que tener presente que, aunque hay muchas iniciativas por parte del gobierno federal, aún queda mucho por hacer en México respecto a la atención en salud mental; en el presupuesto federal destinado a atender dicho problema, del total destinado a salud sólo se destina el 2% para el sector de salud mental, y de este dinero el 80% se utiliza para el mantenimiento de las instalaciones de los hospitales psiquiátricos.[18] Estos datos expresan claramente que en México es preciso desarrollar e impulsar una cultura del cuidado de la salud mental, sobre todo porque el número de personas que padecen algún problema de este tipo va en aumento. Antes de la pandemia se sabía que más del 30% de la población del país, en un momento de su vida, tendrá un problema de salud mental, de los cuales el 79% no recibe atención de manera oportuna: "Sólo dos de cada 10 personas con un problema de salud mental reciben una atención".[19]

A modo de conclusión, podemos decir que los números importan porque hacen manifiesta la dinámica social actual respecto del uso de medios digitales, así como las áreas de oportunidad que es preciso mejorar. Por otro lado, cabe señalar que lo peculiar de vivir en sociedades individualistas es que, aunque puedan marcar ciertas pautas para atender algunos problemas de salud física y mental, ninguna institución enseña a cultivar lo propio de la persona, ya que la enseñanza del ser personal corresponde al núcleo íntimo de la familia. El problema es que muchas veces las familias no saben cómo

---

[18] XIII Coloquio de Investigación "Reflexiones desde la psicología para la salud mental en tiempos de covid-19", realizado vía remota e inaugurado por Jorge Luis Arellanez Hernández, director del Instituto de Investigaciones Psicológicas de la Universidad Veracruzana, del 27 al 29 de abril de 2023.

[19] *Idem.*

educar, no cuentan con las condiciones mínimas para poder hacerlo o simplemente no se quieren hacer cargo de dicha tarea. La solución radica entonces en la formación de las familias en la era digital. La cultura digital presenta grandes avances en muchos ámbitos, pero debemos ser capaces de distanciarnos un poco y atender los problemas de salud mental que esta cultura ha provocado.

3. Efectos de la tecnología en la educación formal e informal

Andrea Diego Armida

En pocas palabras

Parece que el cambio tecnológico de los últimos 20 años nos ha tomado por sorpresa. Y la educación es uno de los ámbitos más afectados por esta transformación. Con la irrupción de la tecnología digital las diferencias generacionales se han acentuado todavía más. La pandemia, por ejemplo, obligó a muchos profesores mayores a luchar contra Zoom, Teams o cualquier plataforma para dar clases en línea. En los últimos meses el uso de ChatGPT para escribir ensayos o realizar tareas complejas ha generado pánico entre muchos docentes que no saben cómo lidiar con una forma de plagio tan refinada. Una política que sonaba bien hace apenas 20 años: "Inglés y computación para todos" ahora resulta totalmente arcaica, pues la mayoría de los jóvenes ha crecido en un mundo donde las "computadoras" se cargan en la mano y se llevan a todos lados. En materia de educación, ¿puede nuestro país ponerse al corriente en esta revolución tecnológica digital? Quizá ChatGPT nos pueda responder…

En México viven aproximadamente 126 millones de personas, de las cuales el 66% son considerados usuarios de internet y 70% usuarios de teléfonos celulares.[1] Se estima que 27% de los usuarios de internet (34.5 millones) se encuentra entre los 6 y los 24 años, lo que significa que están en etapa de educación formal. Las encuestas señalan que alrededor del 93.8% de usuarios emplea las tecnologías para comunicarse, el 91% para buscar información, 89% para acceder a redes sociales y 34.1% toman cursos educativos complementarios al sistema de educación formal. En cuanto a los usuarios que tienen computadora en su hogar, 86.4% la utiliza para "acceder al internet", el 68.1% para "actividades de entretenimiento", el 54.9% para "labores escolares", el 42.8% lo utilizan para "actividades laborales" y un 30.6% "como medio de capacitación".[2]

Otra tecnología relevante para la vida de los mexicanos es la televisión abierta. Las encuestas indican que en promedio las personas pasan 2.41 horas diarias consumiendo programas de televisión. Con respecto al contenido, se registró que alrededor de 45.8 millones de mexicanos ven programas de noticias, 38.4 millones ven películas, 31.4 millones ven telenovelas, 24.7 millones ven programas infantiles y 21.6 millones ven deportes; mientras que los programas que menos ven son los programas de ciencia y tecnología, los de arte y los de religión.[3]

En cuanto al acceso a internet por entidad federativa, los valores más altos fueron Ciudad de México (80.5%), Sonora (79.5%), Nuevo León (78.8%) y Baja California (75.8%). Las entidades federativas con un mayor número usuarios de teléfono celular con respecto a su población total fueron: Sonora (87.0%), Baja California Sur (85.9%), Baja California (84.9%) y Nuevo León (84.4%), que se encuentran dentro de los 10 estados más ricos de México. Los estados que

---

[1]   Para un panorama más amplio de los datos en nuestro país, cfr. "Un vistazo al México digital", primer artículo de este libro.

[2]   Inegi, comunicado de prensa núm. 352/21, 22 de junio de 2021. México, Inegi informa.

[3]   *Idem.*

registraron los valores más bajos de acceso a internet fueron Chiapas (27.3%), Oaxaca (40.0%) y Tabasco (45.2 %) y en cuanto al uso de teléfono celular, fueron Chiapas (55.7%), Oaxaca (62.6%) y Guerrero (65.7%); éstos se encuentran dentro de los cinco con mayor cantidad de gente viviendo en pobreza extrema.[4]

En cuanto a los datos relevantes respecto a la situación educativa, el registro de estudiantes a primer año de media superior y superior no ha sido suficiente para cubrir la caída de 8% en la educación media superior y 9% en la educación superior registradas en el ciclo escolar 2020-2021.[5] Asimismo, el porcentaje de personas analfabetas mayores de 15 años se redujo 7.7 puntos porcentuales en la última década, pero equivale a que 4 456 431 de mexicanos mayores de 15 años para el año 2020 no sabían leer ni escribir.[6] Para dar continuidad a la educación ante las afectaciones de la pandemia por covid-19 en México se adoptó la estrategia Aprende en Casa, que consiste en la transmisión de los contenidos educativos a través de la televisión abierta, la radio y algunas plataformas digitales; desde ella fue posible reiterar la insuficiente cobertura de servicios de internet, el acceso restringido a dispositivos móviles o computadoras y la falta de habilidades tecnológicas en la población. En relación con la trayectoria escolar, las tasas de absorción y de eficiencia terminal tienden a disminuir, mientras que la tasa de abandono escolar aumenta. Se identifica que en 2020-2021 hubo 96.7% de eficiencia terminal en primaria; 91.0% de eficiencia terminal en secundaria y 64.9% en media superior.[7]

Con respecto a los valores considerados en el ámbito estatal, Chiapas, Guerrero y Oaxaca registraron los mayores porcentajes de

---

[4] *Idem.*

[5] Marco Antonio Fernández, Daniel Hernández, Laura Herrera y Sandra Reyes, *Restando oportunidades: caída en la matrícula de la media superior y superior. 2018-2022*, México, México Evalúa, 2022.

[6] Coneval, *Informe de Evaluación de la Política de Desarrollo Social 2022.*

[7] *Idem.*

población analfabeta. Por su parte, Ciudad de México, Nuevo León y Coahuila reportaron el menor porcentaje de población analfabeta.[8] En cuanto a las tasas de deserción escolar, Michoacán (2.0%), Estado de México (1.5%) y Veracruz (1.4%) presentaron las tasas más altas para la educación primaria; en educación secundaria, la tasa de abandono escolar fue mayor en Michoacán (8.1%), Oaxaca (6.0%) y Zacatecas (4.7%). En la educación media superior los mayores niveles de abandono escolar se presentaron en Morelos (16.3%), Sinaloa (16.3%) y Michoacán (16.0%).[9]

De los 84.1 millones de mexicanos considerados usuarios de internet, alrededor de 22 millones se encuentran en etapa de educación formal; sin embargo, se registra que la gran mayoría utiliza las tecnologías para comunicarse, buscar información y para acceder a redes sociales.[10] Esto lleva a concluir que si bien existe una insuficiencia de cobertura de servicios de internet para un estimado del 34% de la población mexicana, el acceso a dispositivos móviles o computadoras no es el único problema educativo. Parece relevante el hecho de que tanto los mexicanos que poseen acceso a computadoras como aquellos que tienen acceso a televisión abierta utilizan la tecnología para el entretenimiento y el acceso a información. Ahora bien, considerando los resultados por entidad federativa, los valores más altos de acceso a computadoras y teléfonos celulares fueron Ciudad de México, Sonora, Nuevo León y Baja California, los mismos estados que presentan la menor cantidad de deserción escolar y las tasas más altas de absorción y eficiencia terminal. Los estados que registraron los valores más bajos de acceso a internet y a teléfonos celulares fueron Chiapas, Oaxaca, Guerrero y Tabasco, estados que registraron los mayores porcentajes de población analfabeta. Esto puede indicar una correlación entre acceso a tecnología, tasa de absorción escolar

---

[8]   *Idem.*

[9]   *Idem.*

[10]   Inegi, *op. cit.*

y tasa de analfabetismo, y remarcar una profunda brecha económica entre las poblaciones de diferentes entidades federativas.

No cabe duda de que la tecnología por sí misma no debe ser considerada el pilar de la educación formal; sin embargo, actualmente se ha convertido en la herramienta que mejor favorece el proceso de enseñanza y aprendizaje. El éxito de su implementación dependerá de la capacidad de los actores educativos (desde las autoridades regulatorias hasta el maestro en el salón de clases) de alinear su uso a las trayectorias de crecimiento planteadas en los diferentes contextos educativos. Es por ello que los organismos internacionales más relevantes y con mayor incidencia en las políticas educativas de nuestro país hacen énfasis en el aprovechamiento de las tecnologías digitales para el avance en materia de educación formal:[11]

> Para hacer avanzar nuestras aspiraciones nacionales e internacionales en materia de educación y aprendizaje a lo largo de la vida, debemos aprovechar los puntos fuertes de la tecnología digital. Esta acción contribuirá a catalizar transformaciones benéficas en diversos aspectos de la educación, como la pedagogía, el plan de estudios, la evaluación, la atención social y la organización del aprendizaje, tanto dentro como fuera de las instituciones educativas formales. Asimismo, ayudará a mejorar los resultados de aprendizaje de los estudiantes, garantizando mejor así que todos aquellos que acceden a la educación, ya sean niños, jóvenes o adultos, adquieran un nivel de alfabetización básico, desarrollen conocimientos y competencias apropiados para sus vidas y medios de subsistencia, y contribuyan a un futuro más sostenible.

---

[11] Organización de las Naciones Unidas, *Cumbre sobre la transformación de la educación. Garantizar un aprendizaje digital público de calidad para todos y mejorarlo,* Nueva York, 2022.

La ONU establece puntualmente los tres factores clave que cada nación debe considerar para la sana incorporación de la tecnología a los sistemas educativos. El primer factor relevante es que las plataformas digitales de aprendizaje se pongan a disposición de todos los actores educativos, es decir, abarcar en cuanto a cobertura; además, es relevante que sus contenidos digitales para la enseñanza y el aprendizaje sean de alta calidad, es decir, significativos para el plan de estudios. El segundo factor relevante supone garantizar que todos los actores educativos dispongan de las competencias y los conocimientos necesarios para aprovechar las herramientas digitales; de nada sirve tener acceso a las diferentes tecnologías si los actores educativos carecen de la capacidad de aprovecharlas con este fin. Finalmente, el tercer factor relevante a considerar es el de la conectividad digital: hay que garantizar la cobertura de red tanto en las instancias educativas como en otros espacios públicos, de tal modo que todos los actores educativos puedan aprovechar las ventajas educativas que conllevan las conexiones de buena calidad a internet.

Las sugerencias por parte de las organizaciones internacionales parecen altamente pertinentes; sin embargo, en la regulación nacional del binomio tecnología-escuela no parecen ser prioritarias. De hecho, de 2018 a 2022 el gasto público en aquello que tiene que ver con los factores propuestos por la ONU disminuyó casi hasta desaparecer. En el presente sexenio el impulso a la tecnología educativa se redujo considerablemente y queda claro que la cobertura de plataformas digitales no es una prioridad educativa para el gobierno. En cuanto al esfuerzo por garantizar las competencias digitales de los actores educativos, se cancelaron las políticas establecidas para la evaluación continua de las escuelas normales en las que se forman los docentes. Finalmente, respecto a la conectividad, es mayor el presupuesto que se otorgó a un programa evidentemente clientelar de becas para alumnos que a uno para fortalecer la infraestructura tecnológica pública. El programa con mayor presupuesto que pretende fortalecer la infraestructura escolar, "La Escuela es Nuestra", padece de acciones de carácter político y clientelar indudable y en el último año del sexenio no parece presentar ningún resultado cuantificable.[12]

En el entorno educativo, tanto formal como informal, los cambios tecnológicos pueden ser medios para fomentar la creatividad e impulsar la expresión personal. La tecnología digital y sus aplicaciones son un espacio innovador que posibilita la comunicación entre gran cantidad de personas en un tiempo cada vez menor. Estas características sirven para ayudar a implementar estrategias didácticas para la generación de competencias, tales como la capacidad de trabajo colaborativo y la generación de contenido por parte de los docentes. Las aplicaciones móviles y las redes sociales tienen el potencial de ser un nuevo ámbito educativo de socialización y fomento de proyectos colaborativos. Además, las plataformas tecnológicas hacen posible aumentar la cantidad de educandos por cada educador, cuando tanto los contenidos como las actividades de enseñanza-aprendizaje se ofrecen a distancia y cuentan con trabajo asincrónico; otro beneficio que sin duda han provocado los cambios tecnológicos en la educación mexicana es dar a los más jóvenes un espacio para emprender negocios sencillos. Cuando los recursos tecnológicos son considerados adecuadamente como medios educativos, integrados a un programa con objetivos de aprendizaje claros, en grupos donde docentes y discentes se encuentran preparados para su uso responsable, pueden ser una fuente de eficiencia y eficacia terminales en el sistema educativo nacional.

En México son evidentes enormes brechas educativas relacionadas con los cambios tecnológicos. Esto responde en buena medida a un claro desequilibrio en la administración pública nacional, en la que algunos estados, como Chiapas, Guerrero y Oaxaca, se encuentran notablemente desfavorecidos en su acceso a servicios públicos de primera necesidad, por lo que es evidente que el acceso de

---

[12] Alberto Villalaz Pacheco, María Guadalupe Moreno Bayardo y José Antonio Ramírez Díaz, *Concreción de políticas educativas: las reformas educativas 2013 y 2019*, *Horizontes Pedagógicos, 22* Vol. 22, núm. 2 (julio-diciembre), 2020, pp. 13-24.

esas poblaciones a la tecnología no es todavía un tema importante en la agenda pública. La segunda brecha educativa puede atribuirse al hecho de que mientras la minoría de los subsistemas escolares, principalmente los de iniciativa económica privada, posee programas formativos adecuados para desarrollar las competencias docentes y aprovechar las nuevas tecnologías integradas a un programa educativo, los programas públicos rara vez integran los planes de estudio a la tecnoestructura y sus posibilidades educativas. Finalmente, la tercera refiere a que mientras la formación didáctica del magisterio se vive en medio de choques entre sindicatos y coordinaciones, así como entre partidos políticos y sus programas clientelares, en lugar de concentrarse en desarrollar su literacidad didáctica tecnológica, los docentes que se forman en instituciones de iniciativa privada, en la UNAM, o incluso en el extranjero, son cada vez más capaces de incluir la tecnología al contexto educativo.

En México los resultados han sido reprobables en cuanto a la administración de recursos públicos para el desarrollo de infraestructura y la implementación de recursos tecnológicos en el sistema educativo nacional. Además, los niños y jóvenes que sí tienen acceso a la tecnología sin duda aprenden de ella, pero como en su mayoría la usan para entretenimiento y búsquedas sencillas de información, su uso no siempre resulta educativamente benéfico, sino que incluso puede representar un riesgo para su desarrollo adecuado. Si las tecnologías están cada vez más al alcance de los menores de edad pero sin una adecuada integración a los programas educativos, pueden ser un obstáculo para los procesos educativos y formativos. Basta con hacer un análisis sencillo de los contenidos de televisión nacional y en general de los medios de comunicación masiva para acreditar su incompatibilidad con el desarrollo de las personas.[13]

Las tendencias tecnológicas que van a ganar fuerza en el futuro serán principalmente el metaverso, la web 3, la salud digital y

---

[13] *Idem.*

la sostenibilidad.[14] La web 3 consiste en el internet descentralizado gracias a la tecnología *blockchain,* necesaria, por ejemplo, para el funcionamiento de coches inteligentes. El apoyo digital a la salud presenta avances en telemedicina en el hogar, pues ya hay aplicaciones automatizadas para que las personas revisen su estado de salud. En cuanto a la sostenibilidad, se está trabajando en sistemas inteligentes para la distribución de los recursos más básicos. En este contexto, como señala Andreas Schleicher, director de Educación y Habilidades de la OCDE, sería ideal que "los sistemas escolares encuentren formas más eficaces de integrar la tecnología en la enseñanza y el aprendizaje para proporcionar a los docentes entornos de instrucción que apoyen las pedagogías del siglo XXI y preparen a los niños con las habilidades del siglo XXI necesarias para triunfar en el mundo del mañana".[15]

La innovación tecnológica exige al gobierno mexicano invertir con mayor eficacia en las nuevas tendencias, siempre con miras a la sostenibilidad, de tal modo que la brecha social se reduzca. Por otro lado, es fundamental invertir en la infraestructura que haga accesible la web 3 a la mayoría de la población y asegurar, mediante programas didácticos de vanguardia, una formación docente actualizada en cuanto al diseño y aplicación de estos cambios que ya están produciendo mejoras en el ámbito educativo. El futuro plantea que las nuevas situaciones educativas serán lideradas por la adopción de la inteligencia artificial y el 5G, relacionadas con el metaverso y la automatización de todos los procesos.

En México, cada vez parece más lejana la posibilidad de superar los obstáculos político-administrativos que ocasionan decisiones centradas en intereses partidistas. La corrupción, la impunidad y

---

[14] Cfr., Consumer Technology Asociation, CES 2023 Spotlights Tech for Good: https://www.ces.tech/discover/articles.aspx

[15] OCDE, "Se necesita un nuevo enfoque para materializar el potencial de la tecnología en las escuelas", *Educación y pandemia,* 2015, consultado el 13 de mayo de 2023 en https://www.oecd.org/newsroom/se-necesita-un-nuevo-enfoque-para-materializar-el-potencial-de-la-tecnologia-en-las-escuelas.htm

el tráfico de influencias ha dejado una deuda inmensa en cuanto al acceso a medios y tecnologías para la gran mayoría de la población mexicana. Si el panorama gubernamental se mantiene igual que en los últimos 10 años, los únicos estudiantes que desarrollen las habilidades de autogestión en las nuevas tecnologías serán aquellos con el poder adquisitivo suficiente para recibir educación de calidad en las instituciones educativas de la iniciativa privada. Mientras tanto, la mayoría de la población mexicana permanecerá en el estado actual, en el que tanto educandos como educadores presentan nulas competencias para acceder a información de calidad y carecen de las habilidades críticas para gestionar la tecnología de manera adecuada. Si el panorama político se mantiene igual que en los últimos años –aunque los avances tecnológicos tendrán cabida en el mercado, como, por ejemplo, los autos inteligentes–, México seguirá siendo una sociedad que se conforma con un sistema nacional educativo atrasado, que hará que la brecha social sea cada vez más profunda.

4. La brecha que no cierra: tercera edad y digitalización

Tania Guadalupe Yáñez Flores

En pocas palabras

Es una realidad devastadora que los ancianos en nuestro país son cada vez más marginados por la sociedad. La brecha existente entre las personas de la tercera edad y los demás se debe no sólo a la falta de acceso a internet o de capacidades para usar los dispositivos tecnológicos, sino que proviene de la incomprensión y de una serie de prejuicios antropológicos. Dos criterios parecen regir nuestra vida: velocidad y productividad; cuando vemos que los ancianos, con su mera existencia, contradicen dichos principios, tendemos a relegarlos y a considerarlos una carga. En vez de dar por sentado que la brecha digital perjudica al país por razones económicas, con lo que la solución sería "digitalizar" a las personas de la tercera edad, debemos plantearnos un cambio de mirada al fenómeno del envejecimiento en sí: ¿qué significa envejecer con dignidad? ¿Cómo podemos usar las herramientas de nuestra cultura digital para contribuir a dicha dignidad? El primer paso es escuchar.

En este artículo se intenta exponer la necesidad de una reflexión antropológica sobre la vejez, sobre las relaciones interpersonales y sobre la familia en un contexto donde la comunicación y casi todas las actividades humanas están mediatizadas. Lo digital, la conexión a internet y los dispositivos son ahora parte de la vida humana, al grado de convertirse, en cierto sentido, en extensiones de nuestro cuerpo, sede de nuestros pensamientos, afectos, deseos y acciones, y medios de expresión de lo que somos, así como instrumentos para casi todas las actividades de nuestra vida práctica.

La primera parte del texto es un balance de carácter cuantitativo de la población mexicana, que pone énfasis en el proceso de envejecimiento poblacional que el país comparte con otras sociedades del mundo. Usando también datos estadísticos, en la segunda parte se exponen algunos indicadores sobre la digitalización de la vida en México y el lugar que las personas de la tercera edad tienen en ese proceso. La tercera parte se trata propiamente de una exposición del concepto de vejez que se vislumbra a partir de la marginación social que patentizan los datos indicados en los dos primeros apartados, lo que da lugar a una profundización antropológica de lo que puede significar envejecer con sentido en una sociedad en la que las notas propias de la persona, tales como la *relacionalidad* y la *vulnerabilidad*, parecen perder su valor antropológico y dar lugar a la mediatización y al abuso.

4.1. Envejecimiento de la población mexicana

En convergencia con el desarrollo general de las sociedades a nivel mundial, desde las últimas décadas la dinámica de la sociedad mexicana ha tendido al envejecimiento, de modo que no sólo su población crece, sino que la pirámide poblacional está en continua modificación.[1] El número de personas mayores de 60 años ha pasado de representar un porcentaje por debajo de 5% en 1950 a 7.2% en el año 2000 y 12% en 2020. Debido a esta dinámica se prevé que en 2030 lleguen a representar 15% y alrededor de 23% en 2050. Después del censo de 2020, en octubre de 2021 el titular de la Secretaría de Salud volvió a señalar que el proceso de envejecimiento de la población es de alta progresión, ya que para entonces el número de adultos mayores superaba el número de niños menores de cinco años, y al final de la presente década el número de adultos mayores superará el número de menores de 15 años.[2] México se encuentra, pues, en el grupo de países en los que el envejecimiento de la población representa el fenómeno demográfico más relevante.

Las causas más importantes en el origen de este proceso son en general las mismas que a nivel mundial: el aumento de la esperanza de vida[3] –que se debe al avance de la medicina y a la mejora de los servicios médicos en general– y el descenso de la fecundidad, expresado en una disminución de la tasa de natalidad. Hay varios criterios que permiten comprender mejor qué significa este envejecimiento de la población y por qué una consideración integral de este proceso es importante en la mejora de la calidad de vida del sector longevo de la sociedad, principalmente por el débito que exige su dignidad personal, pero también porque este proceso demográfico incide en mayor o menor medida en todos los procesos de desarrollo social: los ancianos son un elemento de cohesión social, la longevidad de la población incide en las dinámicas del mercado laboral y de seguridad social, así como en la composición de la fuerza de trabajo.

---

[1]   Cfr. "Un vistazo al México digital", primer artículo de este libro, donde se exponen las tendencias poblaciones de nuestro país en la cultura digital.

[2]   Carolina Gómez Mena, Hay más adultos mayores que menores de 5 años: ssa, *La Jornada,* 1 de octubre de 2021: www.jornada.com.mx/notas/2021/10/01/sociedad/actualmente-en-mexico-hay-mas-adultos-mayores-que-menores-de-5-anos-ssa/

[3]   El número de años de vida de una persona.

Finalmente, el aumento de la población envejecida determina una demanda de bienes específicos y servicios especializados que de otro modo no se requerirían.

Los datos del Censo Nacional de Población y Vivienda 2020 revelan que la población de 60 o más años asciende a 15.1 millones, lo que representa el 12% de la población total del país.[4] Este sector de la población mexicana se compone en su mayoría por las personas que tienen entre 60 y 64 años, es decir, que nacieron entre 1957 y 1961 y que para 2020 sumaban poco más de 4.8 millones (31.8%). El segundo grupo corresponde a las personas entre las edades de 65 a 69 años, integrado por 3.6 millones (24.1%). Después, las personas entre 70 y 74 años sumaban 2.6 millones (17.5%) y aquellas entre 75 a 79 años, 1.8 millones (12.0%). Las de 80 a 84 años, 1.2 millones (cerca de 8%) y los mayores de 85 años, poco más de un millón (6.9%).[5] Las entidades federativas con más personas mayores de 60 años son el Estado de México, Ciudad de México, Veracruz, Jalisco, Puebla, Guanajuato y Nuevo León; juntas, concentran el 51% de las personas de 60 años y más, mientras que en los 25 estados restantes reside el 49% de dicha población

Aunque la esperanza de vida es una de las dos causas fundamentales que explican el proceso de envejecimiento de la población, que haya aumentado no implica necesariamente una mejor calidad de vida. Por el contrario, hay elementos suficientes para señalar que hay una brecha entre la esperanza de vida y la calidad de vida. Actualmente la esperanza de vida de las mujeres es de alrededor de 78.5 años y de los hombres de alrededor de 72.7. Según las estimaciones oficiales del Consejo Nacional de Población (Conapo) se espera que a mediados de 2050 la vida promedio se incremente a 82.6 años para

---

[4] I. Kánter Coronel, "Las personas mayores a través de los datos personales", *Mirada Legislativa*, núm. 204 (junio). Instituto Belisario Domínguez, Senado de la República, México, 2021, 2.

[5] *Idem.*

las mujeres y a 76.7 en el caso de los hombres.[6] Por ello, uno de los datos importantes en la consideración del envejecimiento poblacional en México es el marcado índice de feminización. Esto es, en la relación entre el número de mujeres y el número de hombres de más de 60 años y en los otros rangos de edad avanzada: "en las próximas décadas el predominio de las mujeres en la composición por sexo de la población de 60 o más años se mantendrá con un ligero incremento en el Índice de Feminidad de 105 mujeres por cada 100 hombres a mediados de 2050, incrementándose a 131, 137 y 150 a las edades de 65, 75 y 85 o más años, respectivamente".[7]

Pese a lo indicativo de este índice y a que la esperanza de vida de las mujeres es mayor, su calidad de vida no es necesariamente mejor; más bien, los datos muestran que esta etapa se caracteriza por ser precaria, y que pese a que el tiempo de vida se extiende, esto no está asociado a un buen estado de salud. La inequidad de género en los ingresos durante la edad activa tiene una repercusión directa y proporcional en el ingreso de la edad avanzada "sobre todo, en los sistemas de pensiones de capitalización las mujeres reciben menores retribuciones por haber aportado menos, debido tanto a que han participado menos, y con interrupciones,[8] en la actividad económica, como por el hecho de percibir menores remuneraciones que los hombres".[9]

Junto a los indicadores cuantitativos generales que muestran el número de personas que tienen más de 60 años, en qué estados viven y de qué sexo son, hay otros datos que apuntan propiamente a la condición de vida avanzada. Se trata de algunos elementos que permiten comprender su calidad de vida, las discapacidades que

---

[6]   *Ibid.*, p. 3.

[7]   *Ibid.*, p. 4.

[8]   Es posible especular que las interrupciones en la vida laboral en el caso de las mujeres muchas veces están vinculadas a las etapas de embarazo, al pauperio o al cuidado y crianza de los hijos.

[9]   Kánter Coronel, *op. cit.*

padecen y el estado general de salud de la población envejecida, así como sus causas de muerte.

Respecto de la salud en general, casi ocho millones de personas mayores (poco más de la mitad de esta población, 52.4%)[10] padecen alguna limitación, discapacidad, problema o condición mental: 4.8 millones de personas mayores (60.3%) tienen alguna limitación; pero pueden ver usando lentes; oír usando aparato auditivo; caminar, subir o bajar; recordar o concentrarse; bañarse, vestirse o comer, y hablar o comunicarse. 3.1 millones (39.9%) enfrentan alguna discapacidad que les dificulta mucho o impide realizar alguna actividad cotidiana por sí mismas: ver –aun usando lentes–; oír –aun usando aparato auditivo–; caminar, subir o bajar; recordar o concentrarse; bañarse, vestirse o comer; hablar o comunicarse.[11] Casi 230 000 (2.9%) tienen algún problema o condición mental.[12] Los datos por sexo indican que entre los adultos mayores con discapacidades hay mayor prevalencia en mujeres (54%) que en hombres (46%).

Los datos anteriores muestran que hay una relación entre la edad y la discapacidad que es directamente proporcional. En el grupo de edad de más de 85 años el porcentaje de personas que tiene alguna discapacidad, limitación o algún problema o condición mental es de 84%, en el grupo de 70 a 74 años es de 55%, mientras que en el grupo de 60 a 64 años, de 39%. Durante la vejez, la condición física y mental implica una dependencia parcial o incluso total.

Por otro lado, respecto al acceso a servicios de salud, 80 de cada 100 personas mayores están afiliadas a una institución de servicios de salud; cerca de 20% no cuentan con protección social en salud, proporción que en términos absolutos suma casi tres millones de

---

[10] Para el censo de 2020.

[11] Del grupo de personas mayores identificadas con alguna discapacidad, 58% reportó tener una, 22% enfrentar dos y 20% tres o más discapacidades.

[12] Dentro de esta población hay personas que tienen más de una discapacidad o limitación, de ahí que la suma de la población con discapacidad, limitación y con algún problema o condición mental sea mayor a la población total en dicha situación.

personas mayores.[13] En relación con esto, desde las últimas décadas y debido al avance de la medicina y a la mejora de los servicios de salud, las causas de muerte se han desplazado hacia las edades avanzadas. Ahora bien, las defunciones en la vejez están vinculadas "con largos periodos de enfermedades crónicas, discapacidad prolongada, alto número de visitas médicas en instituciones de cuidados a la salud, y cambios en los arreglos residenciales".[14] En 2019, previamente a la pandemia, las tres principales causas de muerte, tanto en mujeres como en hombres, fueron las enfermedades del corazón (117 987: 28.0%), la diabetes mellitus (63 925: 15.2%) y los tumores malignos (48 332: 11.5%). Mientras que en 2020, para el conjunto de la población de 65 años o más, las muertes por covid-19 ocuparon el tercer lugar, desplazando a las muertes por tumores malignos.[15]

Sumado a lo anterior, una comprensión despectiva, que infravalora la vejez y que es parte de la conciencia colectiva, fomenta un contexto en el que "las personas mayores se enfrentan a los prejuicios del envejecimiento, al maltrato y violencia en la vejez, así como a la discriminación por edad".[16] Hay pocos elementos para analizar la prevalencia de estos hechos, este contexto exige una línea de investigación propia que permita describir cómo afectan la dignidad de la población de la tercera edad.

Es preciso considerar que la población de edad avanzada en México no es un grupo homogéneo ni en lo relativo a su condición económico-social ni tampoco en lo que se refiere a su origen étnico. Según estimaciones del Coneval, en 2018 casi 71% de la población indígena que entonces tenía 65 años o más se encontraba en situación de pobreza. Casi 54% de las personas hablantes de alguna lengua indígena de 65 años y más son analfabetas y 41% sigue

---

[13] Kánter Coronel, *op. cit.*, pp. 10-11.

[14] *Idem.*

[15] *Idem.*

[16] *Idem.*

participando económicamente en el mercado laboral. El censo de 2020 indica que 1.2 millones de personas de 60 años y más son hablantes de alguna lengua indígena y, simultáneamente, este grupo representa el 8.2% del total de las personas de edad avanzada que forman parte de los colectivos más pobres y desfavorecidos del país.[17] En coherencia con el índice de feminidad, los datos indican que hay una mayor proporción de mujeres de 60 años y más hablantes de lengua indígena: 51.5%, contra 48.5% en el caso de los hombres. La población indígena de 60 años y más tiene su mayor presencia en ocho estados del país: Oaxaca (19.3%), Veracruz (11.5%), Yucatán (10.8%), Puebla (9.7%), Chiapas (9.4%), Estado de México (7.9%), Hidalgo (6.3%) y Guerrero (5.1%).[18] Por otro lado, de los 2.6 millones (49.6% hombres y 50.4% mujeres) de personas que se autorreconocen como afromexicanas o afrodescendientes, 321 501 (2.2%) son personas de 60 años o más.

En síntesis, la estructura poblacional ha cambiado y está cambiando para dar lugar a un aumento de la población madura y longeva, en la que variables como la esperanza de vida y la calidad de vida y su relación, a veces armónica a veces problemática, exige una cuidadosa atención a nivel de políticas públicas que atiendan al contexto específico y a las necesidades de cada región donde haya personas de la tercera edad. Estas políticas públicas exigen una reflexión antropológica que les dé sustento.

---

[17] *Idem.*

[18] *Idem.*

4.2. Envejecimiento y digitalización: una brecha en tensión

La llamada cuarta revolución industrial se ha caracterizado por introducir en la vida práctica el uso de tecnologías vinculadas a la red de internet. El proceso de digitalización de las sociedades actuales tiende a otorgar centralidad a las tecnologías de la información y la comunicación (TIC) en las actividades diarias, en una sociedad cada vez más intercomunicada. Por eso mismo, las dinámicas de vida en las grandes ciudades y, paulatinamente, también de las regiones rurales, parecen mostrar que las TIC se están convirtiendo en dispositivos *indispensables* para casi cualquier actividad social y principalmente para aquellas que se vinculan con la comunicación humana.

Según datos de la Encuesta Nacional sobre Disponibilidad y Uso de Tecnologías de la Información en los Hogares (ENDUTIH) 2022,[19] el grupo de edad que concentró mayor cantidad de usuarios de internet fue el de la población entre 18 y 24 años, de quienes el 92.8% tiene acceso a internet, mientras que el grupo de edad de 55 años y más representó el grupo de edad de personas con menor acceso a internet. Del total de la población de esta edad sólo el 47.6% tiene acceso a internet, es decir, más de la mitad de las personas que están en la tercera edad o muy cercana a ella no tiene acceso a internet. En la encuesta de la Asociación Internet MX, el 46% de las personas que no tienen conexión a internet son personas mayores de 55 años.[20] Por eso *es el grupo en el que se registra la menor cantidad de personas que usan internet y los dispositivos vinculados a él*. Es por este dato que la

---

[19] La metodología de la encuesta está limitada a la población de seis años y más; la definición de usuario es "persona que ha usado el internet de manera continua en al menos tres de los últimos meses previos al levantamiento de la encuesta".

[20] 18o. Estudio sobre los hábitos de personas usuarias de internet en México 2022, consultado en irp.cdn-website.com/81280eda/files/uploaded/18%C2%B0%20Estudio%20sobre%20los%20Habitos%20de%20Personas%20Usuarias%20de%20Internet%20en%20Mexico%202022%20%28Publica%29%20v2.pdf

brecha digital para ese sector de la población está mucho más marcada que en cualquier otro grupo etario.[21]

La brecha digital, la imposibilidad real y factible de acceder a los beneficios (comunicativos, educativos, financieros, etc.,) de la conexión a internet mediante el uso de dispositivos inteligentes, usualmente es asociado con la falta de acceso a la red o a dichos dispositivos. Sin embargo, se puede analizar a partir de otras variables, tales como la brecha de género, que destaca la diferencia del acceso a internet entre hombres y mujeres; la brecha urbano-rural, que destaca la diferencia en el acceso a internet entre las ciudades y el campo; de asequibilidad, que señala las posibilidades de costear el acceso a internet y los dispositivos que lo requieren; la brecha de aprovechamiento, que señala la capacidad de beneficiarse de los rendimientos comunicativos, financieros, educativos, de entretenimiento, etc. En lo relativo a las brechas de sexo y de la relación urbano-rural, hay un progreso en su acortamiento: durante 2022 el 78.1% del total de las mujeres de seis años o más y 79.3% de los hombres del mismo rango de edad utilizaron internet; mientras que en el mismo periodo, en el ámbito urbano, 83.8% de la población de seis años o más utilizó internet, y en el ámbito rural, 62.3% de la población usó esta herramienta.

A pesar de afirmaciones sobre cómo la población de la tercera edad "ha aprendido a usar aplicaciones para comunicar con familiares que viven lejos y conseguir independencia; también a buscar información por sí mismos, realizar pagos a distancia, estudiar, leer libros, ver películas, comprar en internet e incluso usar redes sociales",[22] la amplitud de la brecha digital para el sector de la población mayor

---

[21] Incluso parece haber una relación directamente proporcional entre edad y aprovechamiento: "estudios realizados por la doctora Maass revelan que los adultos más cercanos a los 60 años han tenido, en muchos casos, mayor acceso a la tecnología digital y a usarla para su trabajo o entretenimiento, mientras que los mayores de 70 años sienten el mundo digital tan lejano que no se han podido beneficiar de sus oportunidades". M. Maass, "Adultos mayores en la era digital". En *Ciencia* UNAM, 27 de agosto de 2021, consultado en ciencia.unam.mx/contenido/infografia/170/-adultos-mayores-en-la-era-digital-

[22] *Idem.*

está marcada por no poseer las habilidades y conocimientos para usar los dispositivos, sus programas o aplicaciones que sirven para hacer uso de internet.

Los tres dispositivos más usados fueron el teléfono inteligente, la computadora y la televisión. Los datos indican una marcada tendencia a la conexión a internet exclusivamente mediante los teléfonos inteligentes y, por ende, a la reducción de la conexión a internet mediante computadoras u otros dispositivos. Mientras que en 34.1 millones de hogares hay al menos un televisor –lo que significa que 90.7% del total de hogares tiene uno–, de los más de 93 millones de usuarios de internet, el 94.6% se conecta solamente mediante el teléfono inteligente. En el caso de las personas de la tercera edad, aunque el uso común de su conexión a internet es mediante el teléfono celular, hay una brecha de aprovechamiento, pues en muchos casos no se sabe cómo bajar o usar las aplicaciones con las que el teléfono cuenta.[23] Asimismo, el uso de la computadora se encuentra en un proceso de decrecimiento, limitado al hogar o al trabajo.

Las cinco actividades más comunes de los dispositivos vinculados a internet son la comunicación, acceso a redes sociales, entretenimiento, búsqueda de información y las vinculadas a capacitación o educación. Debido a que el tipo de actividades a las que se dedican las personas con acceso a internet no está clasificado por edades no es posible decir cuáles son las páginas más visitadas por el grupo de la tercera edad. Según los datos de la ENDUTIH, del total de usuarios de internet, 33.5 millones realizan pagos y compras digitalmente; esto indica un aumento del 6.7% en comparación con 2021. Uno de los grandes beneficios de la digitalización de la banca es la posibilidad de hacer transacciones bancarias con el uso de la computadora y el teléfono inteligente desde cualquier lugar que tenga conexión a internet. En términos prácticos esto solamente representa una ventaja sustancial al hacer más rápidas las gestiones bancarias que hasta

---

[23] *Idem.*

ahora representaron procesos burocráticos largos y engorrosos. Sin embargo, para la población que no domina los procesos y dispositivos digitales estos cambios también representan el riesgo de ser víctimas de estafas, fraudes y extorsiones. Por ejemplo, en febrero de 2022 Daniel Becker, el entonces presidente de la Asociación de Bancos de México (ABM), indicó un aumento en el caso del robo de identidad en las bancas digital y electrónicas. Del total de usuarios defraudados, el 35% de los casos de suplantación se trata de adultos mayores, quienes representan un sector con mayor vulnerabilidad para este tipo de estafas y fraudes debido a que no tienen los conocimientos y las herramientas prácticas suficientes para defenderse de este tipo de ataques. Considerando el porcentaje de población que pertenece al grupo de personas de más de 60 años indicado en la primera parte –que corresponde al 12% de la población total para 2020–, que ellos representen el 35% de la población que ha sido víctima de algún tipo de fraude o estafa es un número alarmante, lo que indica que este sector de la población es mucho más susceptible de ser víctima.[24]

En ese sentido, los beneficios de la digitalización de la banca no pueden ser aprovechados, sino que su uso representa un peligro. Por eso, es preciso un proceso de alfabetización digital centrado en las necesidades concretas de las personas de la tercera edad. En muchos casos, el uso que hacen estas personas de las aplicaciones de la banca está estrechamente vinculado a la administración de algún tipo de pensión. La necesidad de este tipo de educación para los sectores de la población de la tercera edad se debe en buena medida a que, por haber desarrollado la mayor parte de sus dinámicas de vida al margen de los procesos digitales, son menos intuitivos con el uso de ellos, a la inversa de lo que sucede con las nuevas generaciones.

---

[24] Aracely Aranday. ABM alerta sobre aumento de robo de identidad en adultos mayores. *Once Digital Noticias,* 17 de febrero de 2022, consultado en oncenoticias.digital/economia/abm-alerta-sobre-aumento-de-robo-de-identidad-en-adultos-mayores/73918/

Actualmente los dispositivos de comunicación y distribución de información por conexión a internet de alcance inmediato y global tienen un lugar central en las actividades de la vida diaria en la mayoría de los grupos sociales. Los dispositivos tecnológicos conectados a internet, principalmente los teléfonos inteligentes, se han convertido en extensiones de nuestro propio cuerpo. Así como nuestros ojos nos permiten ver la expresión corporal de los otros cuando nos encontramos frente a ellos, o nuestras bocas nos permiten comunicar lo que pensamos o sentimos, los dispositivos que nos permiten participar de la comunicación en las formas actuales –es decir, con plataformas de videollamada o aplicaciones de mensajería– son instrumentos imprescindibles de comunicación interpersonal. Conexión a internet es casi sinónimo de comunicación. Por eso, la comunicación se ha convertido en una experiencia mediatizada tecnológicamente y que tiene sostén en las redes de comunicación interconectadas que conocemos como *internet*. De ahí que sea importante no dejar de lado a las personas mayores de 60 años, no sólo para garantizar sus derechos a la comunicación y que el uso de las tecnologías en general les permita disfrutar de sus beneficios educativos y financieros, sino porque un proceso de alfabetización digital para ese sector de la población puede reducir la fractura social y la marginación.

Sopesada desde una perspectiva antropológica, la respuesta a la pregunta sobre cómo es posible contrarrestar la brecha digital para el sector de la población envejecida exige la respuesta a estas otras preguntas: ¿en qué consiste un proceso de envejecimiento digno?, ¿cómo puede la inclusión digital contribuir a un envejecimiento digno?

4.3. Más allá de los estigmas

La vejez es un desafío antropológico, ético y social: exige pensar qué es y qué prejuicios y estigmas en torno a ella se han construido y sedimentado en la conciencia colectiva. Esta exigencia, a su vez, conlleva pensar cómo integrar en las dinámicas familiares y sociales a aquellos cuya forma de humanidad suele ser despreciada por la velocidad de la vida actual. Esto implica no entender la tercera edad como algo irrelevante o lastimoso. Más bien, la vejez exige una reflexión antropológica y filosófica que atienda esa experiencia desde ella misma y ponga en tela de juicio aquello que siempre ha sido supuesto, es decir, aquello que se ha usado para generalizar la comprensión, casi siempre despectiva, que se ha tenido de esa etapa de la vida. Por ejemplo, la vejez ha estado rodeada del estigma social de la inactividad, la pérdida de fuerza física y el decaimiento de las capacidades humanas, lo que naturalmente se acentúa en el contexto actual en que la rapidez y la eficiencia práctica se valoran especialmente.

Sin embargo, a diferencia de lo que señalan la Agenda 2030 para el Desarrollo Sostenible y el Acuerdo de París: "La capacitación específica a las personas mayores respecto al uso de las nuevas tecnologías les otorgará mayores oportunidades para mantenerse activos incluso dentro del mercado laboral"[25] y "acabar con la discriminación por motivos de edad, incluyendo las barreras en materia de empleo, podría contribuir de manera considerable a una reducción de las desigualdades, aumento de la productividad y promoción de un crecimiento económico inclusivo",[26] la inclusión digital de los sectores envejecidos de la sociedad no está suficientemente justificada en la pretensión de reincorporación o mantenimiento en la vida laboral.

---

[25] Informe de la red de economistas de la ONU para el 75o. aniversario de las Naciones Unidas, *Configurar las tendencias de nuestra época* (Resumen), septiembre, 2020, p. 8.

[26] *Idem.*

Bien pensada, la vulnerabilidad intrínseca al proceso de envejecimiento y su relación con la digitalización no tienen en el rezago laboral uno de sus principales problemas. Aunque el informe de la ONU está enfocado en materia económica, la capacitación de las personas de la tercera edad no puede tener como fin último mantenerlas dentro del "sector productivo"; esto solamente puede ser un fin secundario. Es llamativo que se señalen como prioritarias estas formas de inclusión que están sesgadas por un criterio económico, pues lo que demuestran es que el paradigma para evaluar la integración de la población de la tercera edad sigue siendo el mismo que contribuye a su estigmatización: la productividad y la eficiencia como criterios últimos de valor.

En términos estadísticos los datos muestran las singularidades del proceso de envejecimiento en México: la velocidad del aumento de la población madura y longeva y la inclinación en términos de género que indica el índice de feminización de la sociedad mexicana. Como la brecha digital de género es corta, este índice no representa, en términos de inclusión digital, un desafío de la gravedad que tienen, por ejemplo, las políticas de pensiones. Promover un sistema sostenible de pensiones claramente exige una coordinación de la sociedad y el Estado: "se necesita una combinación adecuada de trabajo, ahorros, transferencias públicas y privadas para distribuir las presiones fiscales asociadas con el envejecimiento de la población a través del tiempo y entre todas las instituciones".[27] Sin embargo, facilitar las ventajas de la digitalización al sector de la tercera edad no es tampoco una tarea banal; por el contrario, permitir a los ancianos *apropiarse* de las herramientas y los conocimientos necesarios para mejorar su vida práctica con los medios digitales puede contribuir a la desestigmatización de su sector.

Ahora bien, el proceso de reducción de la brecha digital y las premisas de las que éste parta también exigen una aclaración y justificación

---

[27] *Idem.*

de los fines que se busquen. Por ejemplo, en los espacios en los que se busca reflexionar sobre los mejores modos de resarcir la brecha digital para el grupo de personas de la tercera edad, aparece reiteradamente la idea de que la necesidad de alfabetizar digitalmente al sector de la tercera edad se encuentra en relación con la vida laboral y económica. Este intento de caracterizar lo que tendría que ser la inclusión digital se funda en uno de los cuatro elementos que caracterizan el estigma social contra la vejez, a saber, la inactividad.[28] A su vez, la idea de que las personas ancianas son improductivas proviene de una comprensión restrictiva del valor de la acción humana y del sentido del trabajo: por un lado, el valor de la acción humana permanece regido por criterios de productividad y, por otro lado, el trabajo humano responde a una cierta comprensión de eficiencia que centra la vida práctica humana en relación con el mercado.

Digitalizar la vida de los adultos mayores no ha de tener como finalidad su incorporación a la vida laboral y económica, sino más bien ofrecer herramientas para que puedan hacer con mayor facilidad aquello que de todas formas tendrían que hacer: desde las actividades consideradas económicamente *productivas* hasta las juzgadas como *ociosas*. Con ello se puede evitar que el valor existencial de la experiencia de envejecer parta de los ideales que han contribuido a estigmatizar al sector de la tercera edad; es decir, la digitalización por sí misma no significa evitar la pasividad de las vidas envejecidas, sino que la reducción de la brecha digital es, como para los otros miembros de la sociedad, la dotación de unas herramientas que permitan obtener rendimientos comunicativos, educativos, financieros y de entretenimiento, que de otro modo no sería posible.

En segundo lugar, la comunicación es una experiencia privilegiada de relación con los otros. Mediante ella expresamos nuestra intimidad, es decir, lo que yace en nuestra vida subjetiva, y que sin dicha comunicación sería inaccesible a los demás. La comunicación

---

[28] Martha Nussbaum, *Envejecer con sentido,* Barcelona, Paidós, p. 107.

también nos permite establecer y fortalecer los vínculos interpersonales que sustentan nuestra vida y nuestro sentido de comunidad. Pero como toda experiencia humana, también la digitalización de las relaciones interpersonales y actividades sociales puede padecer el riesgo de perder su sentido en la maraña de medios que usamos para hacerla posible. Las personas de la tercera edad son mucho más vulnerables a esta banalización y desvalorización de la comunicación.

La alfabetización digital permite otorgar medios para que las personas de la tercera edad puedan tener una vida activa en la sociedad. Esto no quiere decir que intrínsecamente la vejez sea un estado pasivo; más bien, en el contexto comunicativo actual el desconocimiento de los procesos y medios de digitalización (en concreto, el uso de aplicaciones de mensajería, llamadas y videollamadas) supone un alejamiento de los círculos comunicativos y, en cierta medida, promueve la incomunicación de las personas ancianas con sus redes de apoyo, su familia y amigos. De ahí la centralidad de la capacitación en los medios digitales de comunicación: la asidua comunicación con las personas con las que se mantienen relaciones estables es una de las condiciones de una vida plena y feliz. Pero no sólo la disponibilidad de comunicación por medios digitales beneficia a los adultos de la tercera edad; parece que no existe la conciencia suficiente del valor que representa el hecho de que, en las familias, las personas mayores puedan conversar con los más jóvenes, pues es innegable que la experiencia y la sabiduría de los ancianos brinda un beneficio mayor para quien lo recibe que para quien lo ofrece.

5. Pornografía en la cultura digital

Martinique Acha Alemán

En pocas palabras

Desde siempre el ser humano ha escenificado y retratado artísticamente el acto sexual. Un caso muy conocido son los murales de Pompeya. Sin embargo, con la invención de la fotografía, el video, internet y los celulares, esta capacidad de plasmar las cosas se ha vuelto tan poderosa que incluso termina por distorsionar la realidad misma. La pornografía tiene efectos sociales, psicológicos, económicos y neurofisiológicos que muchas veces permanecen ocultos bajo un velo de secretismo. Ésta es una gran paradoja de nuestra cultura digital, porque la pornografía es una industria multimillonaria, está al alcance de todos y afecta la forma en la que pensamos, sentimos y nos relacionamos al nivel más íntimo de nuestro ser. ¿Por qué no se habla tanto del lado destructivo de la pornografía en nuestra cultura digital? ¿Vale la pena hacerlo en este reporte sobre la familia en México? Nuestra respuesta es un contundente sí.

"Únete ahora para acceder a la completa degradación."
Anuncio de una página web porno[1]

Escribir un artículo sobre la realidad que hay detrás del mundo de la pornografía no es fácil ni agradable, pero, como diría Lydia Cacho: *es más peligroso guardar silencio.*[2] Cuando me asignaron la tarea de investigar este tema en la universidad para la que trabajo, no tenía idea del abismo tan profundo que estaba por descubrir. Para mí, el asunto de la pornografía había permanecido siempre en el ámbito de la ética, como una cuestión en la que había que defender la dignidad frente a cualquier forma de instrumentalización o uso de la persona humana; algo que me parecía evidente y sencillo. Pero mi conocimiento del tema acababa ahí. No tenía una valoración empírica ni una experiencia personal, tampoco había estudiado los hallazgos científicos que exploran este problema. Ciertamente no conocía la realidad de lo que hoy se entiende por pornografía, o *porno,* como suele abreviarse coloquialmente. Para mi sorpresa, en el proceso de mi investigación fui descubriendo que un gran número de personas a mi alrededor no dimensiona ni la amplitud ni la seriedad de este problema. Su percepción de lo que hoy es la pornografía está atrasada al menos unos 20 años y se reduce a los desnudos de *Playboy* o los escándalos de Hugh Hefner en su mansión de conejitas. Esto se explica en parte (o quizás, principalmente) porque la pornografía se ha convertido en un paradigma cultural que representa lo *chic,* lo *sexy,* lo pop, el símbolo incuestionable de nuestra liberación y autonomía sexual. Sin embargo,

---

[1] "Join Us Now to Access Complete Degradation". Anuncio de GagFactor, página web porno. Citado por Gail Dines en *Pornland: How Pornography Has Hijacked Our Sexuality,* Boston: Beacon Press, 2010. Edición Kindle. Cada vez que aluda a textos o imágenes explícitas de páginas pornográficas citaré las fuentes académicas en donde las he encontrado. Por razones evidentes he preferido no consultar la fuente original.

[2] Cfr. Lydia Cacho, *Los demonios del Edén: el poder que protege a la pornografía infantil,* México, Penguin Random House, 2005. Lydia Cacho es una reconocida periodista mexicana que ha luchado para erradicar las redes criminales de pornografía infantil en nuestro país.

tal como promueve el sitio web que he citado al comienzo de este artículo, el porno hoy no es ni *chic* ni *sexy,* y promueve un fantástico mundo en el que la violencia, la humillación y la degradación humanas son la máxima expresión de nuestra sexualidad.

La sabiduría popular mexicana afirma desde antaño que "el que mucho abarca, poco aprieta". Los que trabajamos en el ámbito científico y académico sabemos que este dicho puede llegar a ser implacablemente cierto. Pues bien, la estructura del presente artículo corre este peligro. Es un riesgo que he tomado conscientemente, ya que mi objetivo es ofrecer una visión de conjunto sobre el problema, a fin de que el lector pueda comprender, al menos en su esencia, el panorama actual. En definitiva, si algo he descubierto a lo largo de estos meses de investigación es que precisamente la pornografía no es un asunto individual y por ello se necesita una valoración integral e interdisciplinar de todo lo que conlleva, so pena de juzgarla de manera incompleta y descartarla, entonces, como algo inofensivo.

Para comenzar a vislumbrar este problema es necesario comprender el impacto que la revolución digital tuvo en la industria de la pornografía y la forma en que los avances tecnológicos impulsaron fuertemente un cambio no sólo cuantitativo sino, sobre todo, *cualitativo* en la producción y el consumo de porno. A la revisión de este cambio histórico, radical y vertiginoso, dedico la primera sección de este artículo, con el fin de establecer las bases necesarias para entender por qué algunos autores han reconocido la influencia de internet como la causa de la próxima revolución sexual. En seguida pasaré a exponer algunos de los hallazgos científicos más relevantes sobre los efectos de la pornografía, tanto a nivel individual como social; en este segundo apartado no pretendo realizar ningún análisis específico sobre los múltiples estudios que las diversas ciencias han documentado al respecto, me limito únicamente a exponer los resultados que varios autores han considerado sumamente relevantes y significativos, a fin de ofrecer al lector una visión integral de lo que la ciencia pone de manifiesto sobre los costos de la pornografía, hoy con contundente evidencia. En este apartado haré referencia a múltiples artículos, cuya fuente original citaré a pie de página para que el lector interesado pueda acceder a ellos (afortunadamente, muchos son públicos y pueden encontrarse en línea). En la tercera sección hablaré del abismo más oscuro de esta industria: su relación simbiótica con el tráfico de personas y la explotación sexual infantil; se trata de una trágica realidad que es, sin embargo, perfectamente circular y que diversos movimientos como #TraffickingHub hoy denuncian por todo el mundo. Finalmente, en el último apartado realizaré algunas anotaciones referentes al problema de la pornografía en México. Como veremos más adelante, aunque nuestro país ha sido reconocido como el principal emisor de pornografía infantil a nivel mundial, hay de hecho pocos estudios que ofrezcan estadísticas y porcentajes poblacionales que permitan hacer una valoración rigurosa sobre el tema, lo cual indica, ante todo, una falta de conciencia pública sobre los riesgos que conlleva el consumo de pornografía, especialmente en niños y adolescentes. Todo lo anterior es materia de profundas reflexiones que cada lector puede desarrollar en su propia disciplina profesional. Para finalizar ofrezco algunas conclusiones personales que tienen por objetivo, principalmente, incentivar en la comunidad científica mexicana una investigación rigurosa y extensa sobre este problema desde un enfoque interdisciplinar, a fin de que podamos generar conciencia sobre los peligros que esconde la pornografía, peligros que, no en vano, diversos autores han denunciado como un grave problema de salud pública a nivel mundial.

Por último, una advertencia. En los meses dedicados a esta investigación tuve que enfrentarme con descripciones brutalmente explícitas de las diversas imágenes que hoy circulan en las páginas pornográficas más populares de internet. En numerosas ocasiones tuve que hacer pausas prolongadas para digerir lo que estaba leyendo, pues el contenido era realmente perturbador. Aunque mi objetivo aquí no es realizar descripciones específicas de dichas escenas, en ocasiones es necesario discutir contenido explícitamente sexual y violento, por lo cual sugiero la discreción del lector. A pesar de ser un artículo académico, considero que su contenido no es apto para preadolescentes y puede resultar adverso para muchos adultos, especialmente para aquellas personas que han sido víctimas de abuso y violencia sexual.

5.1. Pornificación de la cultura en la era digital

> "Lo vulgar es bello, sucio y hermoso.
> Soy sexy, soy libre y me siento... vulgar."
> Madonna y Sam Smith[3]

Game of Thrones ha sido reconocida como una de las series más exitosas de todos los tiempos. A pesar de la violencia y de que una gran parte de sus escenas eróticas son, de hecho, pornográficas, esta aclamada serie de HBO Max ha sido galardonada con 59 Emmys (incluyendo la mejor serie dramática de 2019), y en su última temporada recaudó un promedio de 88 millones de dólares por episodio. En 2020, el *megahit* de Bad Bunny "Yo perreo sola" alcanzó más de 594 millones de reproducciones tan sólo en el video oficial de YouTube; por el contenido de su letra, esta canción ha sido considerada una de las más vulgares del fenómeno de la música urbana. En 2022 llegó a las pantallas del cine internacional la película *Blonde,* que presenta un relato ficticio sobre la icónica figura de Marylin Monroe. Protagonizada por Ana de Armas, esta película destacó por sus escenas sexuales explícitas. Ese mismo año Rosalía, una de las figuras más relevantes del pop

---

[3] "Vulgar is beautiful, filthy, and gorgeous. I'm sexy, I'm free, and I feel… vulgar". Letra de "Vulgar", el sencillo musical de la colaboración entre Sam Smith y Madonna que fue lanzado a principios de junio de 2023.

en español, presentó su álbum *Motomami*, en cuya portada la cantante aparece completamente desnuda con el rostro escondido. Curiosamente, una de las canciones de este álbum lleva por título el nombre de la categoría porno más buscada en 2022, "Hentai". Y los ejemplos podrían seguir…

Los casos anteriores ilustran perfectamente el hecho de que nuestra cultura se ha *pornificado*. El término fue acuñado por Pamela Paul en el año 2005. En su aclamado libro, la periodista estadounidense denuncia un mundo en el que "la pornografía está tan perfectamente integrada en la cultura popular que la vergüenza y el secreto ya no forman parte de la ecuación".[4] Para comprender este giro cultural de las últimas décadas es necesario volver la mirada a 1953, año en el que Hugh Hefner publicó el primer número de *Playboy*. Es verdad que la pornografía ya existía antes de esta icónica revista; sin embargo, fue gracias a ella que el porno salió de los callejones de lo oscuro y lo prohibido y comenzó a circular en los principales canales de distribución. El insólito éxito de Hefner consistió en difuminar los límites culturales, económicos y legales que impedían la producción y distribución masivas de pornografía. *Playboy* pasó de circular 53 991 números en su primera publicación de diciembre de 1953 a un millón de números mensuales para 1959. Al comienzo de los años setenta, la enorme empresa de Hefner ya generaba más de 200 millones de dólares. Pocos años después aparecieron las revistas *Penthouse* y *Hustler* y con ellas comenzaron a desdibujarse los límites de lo que era considerado aceptable en las tendencias dominantes del porno de aquellas décadas. La épica competencia que se dio entre estas tres revistas sentó las bases económicas, legales y culturales para el desarrollo de la industria multimillonaria en que se ha convertido la pornografía. En medio de esta batalla, el gran éxito de *Playboy* fue que desde un inicio se posicionó en el mercado como una revista aspiracional del "estilo

---

[4] Pamela Paul, *Pornified: How Pornography is Damaging Our Lives, Our Relationships, and Our Families,* Nueva York, Holt Paperbacks, 2005. Edición Kindle. Traducción de la autora.

de vida" social y económico con el que soñaba el hombre americano de la década de los sesenta, cuyo modelo se realizaba, precisamente, en la vida de su fundador.[5] En su estrategia de *marketing*, el contenido sexual no era vendido como el objetivo principal de la revista. Así, en la medida en que *Playboy* se convirtió en un referente socialmente aceptado, la pornografía se introdujo poco a poco en las tendencias dominantes de la cultura pop. Y mientras *Penthouse* y *Hustler* seguían llevando al límite lo que era permitido como contenido sexual, *Playboy* parecía cada vez más aceptable, lo que le otorgó una mayor amplitud para transitar hacia lo *hard-core*.[6] De modo que, para el momento en que el internet fue introducido en los hogares, la cultura había sido preparada para aceptar la pornografía como una parte más de la vida diaria de las personas.[7]

En la actualidad la pornografía dista mucho de aquellos desnudos sensuales que aparecían en las páginas centrales de *Playboy*. Con la llegada del internet en los años noventa, y posteriormente de los teléfonos inteligentes, el mundo del porno evolucionó cuantitativa y *cualitativamente* de manera insospechada. La pornografía hoy está a un clic de distancia: es inmediata, accesible, anónima y gratuita. Tan sólo en los Estados Unidos, las páginas web de porno reciben más tráfico que Twitter, Instagram, Netflix, Pinterest y LinkedIn juntos. Pornhub, una de las principales plataformas de pornografía a nivel mundial, estimó que en 2019 recibió 42 mil millones de visitantes con 39 mil millones de búsquedas realizadas, aproximadamente cinco

---

[5] En 2005 *E! Entertainment* presentó el aclamado *reality show* de la vida de Hugh Hefner y sus conejitas en la mansión Playboy, un ejemplo de la creciente visibilidad pública que fue ganando *Playboy* hasta convertirse en una marca más de la cultura pop.

[6] Tradicionalmente, el contenido pornográfico se ha dividido en dos grandes categorías: la *soft-core* se caracteriza por desnudez y actividad sexual limitada (es decir, no incluye penetración); la *hard-core*, en cambio, presenta imágenes de actividad sexual real, no simulada, que incluye penetración oral, vaginal y anal. En años recientes, esta última categoría se ha ampliado en diversos subgéneros.

[7] Para una introducción más profunda a los antecedentes de la industria de la pornografía recomiendo la lectura de Gail Dines, Playboy, Penthouse and Hustler. Paving the Way for Today's Porn Industry, en *Pornland* (cap. I de la edición Kindle)… *op. cit.*

millones de búsquedas por hora (80 000 búsquedas por minuto). En cuanto al contenido subido al sitio, calculó 12 500 gigabytes por minuto.[8] De hecho, en 2022 los dispositivos móviles conformaron el 97% de todo el tráfico recibido en Pornhub, de los cuales los smartphones representan el 84%.[9] Y éstos son sólo los datos de *una* plataforma. Tomados en conjunto, los cinco principales sitios web de pornografía del mundo suman más de 6 000 millones de visitas al mes.[10] Permítame el lector repetir este dato: 6 000 millones de visitas al mes: aproximadamente una visita mensual por cada persona que camina sobre la Tierra. Con razón, entonces, el valor total de esta industria se estima actualmente en más de 100 000 millones de dólares.[11]

Esta monumental transformación que el giro digital provocó en la distribución y el consumo de pornografía implicó, sin embargo, otro cambio aún más importante. Hemos visto que el porno se ha convertido en un aspecto simbólico de nuestra cultura. Representa algo divertido, *chic* y *sexy,* un elemento indiscutible de nuestra sexualidad. En palabras de Paul Fishbein, fundador y editor de *Adult Video News (AVN),* "el porno ha entrado en sus años de madurez… Ya no es algo sucio ni clandestino. Es un negocio directo y frontal, una parte de la cultura pop tan importante como cualquier otra".[12] Efectivamente, lo que hace 50 años hubiera sido considerado pornografía *soft-core,* hoy está perfectamente integrado en nuestra cultura. Los ejemplos citados al comienzo de este apartado son prueba evidente

---

[8] Pornhub Insights, The 2019 Year in Review. Consultado en: https://www.pornhub.com/insights/2019-year-in-review

[9] Pornhub Insights, The 2022 Year in Review. Consultado en: https://www.pornhub.com/insights/2022-year-in-review#traffic

[10] Michael Castleman, Surprising new data from the World's most popular porn site (2018). Consultado en: https://www.psychologytoday.com/us/blog/all-about-sex/201803/surprising-new-data-the-world-s-most-popular-porn-site

[11] Statista, Market Size of the Online Pornographic and Adult Content Industry in the United States from 2018 to 2023. Consultado en: https://www.statista.com/statistics/1371582/value-online-website-porn-market-us/

[12] Paul Fishbein, fundador y editor de *Adult Video News (AVN).* Citado por Gail Dines en *Pornland* (cap. I de la edición Kindle)… *op. cit.* Traducción de la autora.

de ello. En consecuencia, para distanciarse del contenido que ofrecen los diversos medios de entretenimiento, la industria de la pornografía ha tenido que "evolucionar" hacia contenidos cada vez más extremos que puedan resultar atractivos para sus consumidores. La inaudita explosión que ha experimentado esta industria en los últimos años ha generado un mercado de enorme competitividad entre los productores, que se ven obligados a explorar nuevos escenarios y narrativas para distinguirse entre los 370 millones de sitios pornográficos accesibles en internet.[13] Y así, en la medida en que el mercado se satura y los usuarios se aburren y desensibilizan más rápidamente ante la infinidad de contenidos, la industria se halla en una ávida búsqueda por encontrar nuevos géneros que les permitan seguir aumentando sus utilidades y ganancias. Este punto es crucial en la discusión, pues necesitamos comprender que, al igual que cualquier negocio capitalista, la industria pornográfica no tiene como fin último ni la liberación sexual ni el empoderamiento femenino; *su interés es el dinero:* los más de 100 000 millones de dólares que genera su producto.

Todo lo anterior ha contribuido a que las tendencias dominantes del mundo de la pornografía hoy estén conformadas por imágenes *hard-core* que son cada vez más violentas y extremas. De hecho, actos que ahora son comunes en la gran mayoría de las páginas porno ni siquiera existían hace apenas unas décadas. A este tipo de pornografía se le denomina *Gonzo* y es el principal generador de ingresos de esta industria multimillonaria. Acompañadas de agresión verbal y física, las historias que hoy narra el porno *mainstream* se basan en la degradación y el ultraje absoluto de la mujer, pues el acto sexual se realiza en medio de bofetadas, castigos corporales, insultos, amordazamientos y posiciones humillantes y dolorosas. Muchas de estas escenas muestran a mujeres sufriendo al punto

---

[13]   Statista, Most Popular Websites Worldwide as of November 2021, by total visits. Consultado en: https://www.statista.com/statistics/1201880/most-visited-websites-worldwide/

de vomitar, momento que es, entonces, glorificado y exaltado tanto por los productores como por los usuarios. A este género se le llama *wall-to-wall,* pues presenta escenas sexuales de forma continua, sin trama ni hilo narrativo. De acuerdo con un artículo del año 2005 de *AVN,* este tipo de pornografía se ha convertido "en el género porno abrumadoramente dominante, puesto que producirlo es más barato que aquellos que están orientados por una trama".[14] Quiero insistir de nuevo en que las imágenes descritas anteriormente ya no pertenecen a los géneros más extremos, sino que son la tendencia dominante del mundo porno actual.

Con el objetivo de medir cuánta violencia es representada en los contenidos convencionales, en el año 2010 un grupo de investigadores analizó cientos de las escenas pornográficas más populares de internet. Encontró que el 88% de ellas contiene violencia física, mientras que el 48.7% contiene agresión verbal. Los investigadores concluyeron entonces que "si combinamos tanto la agresión física como la verbal, nuestros hallazgos indican que casi el 90% de las escenas contienen al menos un acto agresivo, con un promedio de casi 12 actos de agresión por escena".[15] De acuerdo con otro estudio, esto significa que, aun en la estimación más baja, *uno de cada tres* videos pornográficos representa violencia sexual o alguna forma de agresión.[16] Más inquietante todavía es el hecho de que en el 95% de las escenas las víctimas responden de forma aparentemente placentera o neutral.[17] Y los estudios coinciden en que en el 97% de los casos las

---

[14] *Adult Video News,* The Directors (agosto de 2005). Citado por Gail Dines en *Pornland* (Introducción de la Edición Kindle)… *op. cit.* Traducción de la autora.

[15] Anna J. Bridges *et al.,* Aggression and Sexual Behavior in Best Selling Pornography Videos: A Content Analysis Update. Violence Against Women, *National Library of Medicine* 16(10), pp. 1065-1085 (2010). Consultado en: https://pubmed.ncbi.nlm.nih.gov/20980228/

[16] Niki Fritz *et al.,* A Descriptive Analysis of the Types, Targets, and Relative Frequency of Aggression in Mainstream Pornography, *National Library of Medicine* 49(8), pp. 3041-3053, 2020. Consultado en: https://pubmed.ncbi.nlm.nih.gov/32661813/

[17] Anna J. Bridges *et al.,* Aggression and Sexual Behavior…, *op. cit.*

receptoras de toda esta violencia son las mujeres.[18] En un mundo en el que se proclama por todas partes el empoderamiento femenino y la equidad de género, esta realidad se nos presenta como una alarmante paradoja. Sin embargo, los datos anteriores cobran mayor relevancia cuando consideramos que, en la actualidad, aproximadamente el 91.5% de los varones y el 60.2% de las mujeres consume pornografía,[19] y se estima que la edad promedio para la primera exposición son los 11 años. Entre 2008 y 2011, la exposición a la pornografía en chicos menores de 13 años incrementó del 14 al 49% en Estados Unidos y el consumo diario en este grupo se duplicó.[20] Un estudio reciente constató que en 2021 el 63-68% de los adolescentes de entre 10 y 17 años había consumido pornografía en línea,[21] aunque algunos estiman que en 2023 este número se acerca más al 85%.[22] Estamos hablando de un porcentaje altísimo de menores que acceden gratuita e inmediatamente al contenido de una industria "para adultos". Sorprende que el 58% de los adolescentes afirma haber visto pornografía por primera vez de forma accidental, pero es posible especular que este número es mayor, puesto que el 75% de los chicos que encuentran porno accidentalmente nunca dice nada al respecto.[23] En relación con estas cifras, me interesa destacar aquí que el 45% de los adolescentes que consumen pornografía lo hacen,

---

[18] Niki Fritz *et al.*, A Descriptive Analysis of the Types…, *op. cit.*

[19] Ingrid Solano *et al.*, Pornography Consumption, Modality and Function in a Large Internet Sample, *The Journal of Sex Research*, 57(1), 2020, pp. 92-103. Consultado en: https://doi.org/10.108 0/00224499.2018.1532488

[20] Estadísticas citadas por John Foubert. Impact on Youth and Teenagers, en *How Pornography Harms* (cap. 8 de la Edición Kindle). Traducción de la autora.

[21] Beáta Bőthe *et al.*, A Longitudinal Study of Adolescents' Pornography Use Frequency, Motivations, and Problematic Use Before and During the Covid-19 Pandemic, *Archives of Sexual Behavior 51*, 139-156 (2022). Consultado en: https://doi.org/10.1007/s10508-021-02282-4

[22] Fight The New Drug, How Many Students Watch Porn at School? (2022). Consultado en: https://fightthenewdrug.org/how-many-students-watch-porn-at-school/

[23] Siobhán Healy-Cullen *et al.*, Youth Encounters with Internet Pornography: A Survey of Youth, Caregiver, and Educator Perspectives, *Sexuality & Culture* 26, pp. 491-513, 2022. Consultado en: https://doi.org/10.1007/s12119-021-09904-y

en parte, para aprender sobre sexualidad.[24] De hecho, según un estudio realizado en 2017, el 53% de los chicos entre 11 y 17 años afirma que la pornografía es una representación realista del sexo.[25] Esto quiere decir que cuando un chico promedio de 11 años siente curiosidad sobre su sexualidad e introduce "porno" en el buscador de Google, es inmediatamente redirigido a las principales plataformas de pornografía, como Pornhub y Youporn. Allí se sumerge en un mundo de violencia sexual, degradación y deshumanización, en el que una y otra vez recibe las narrativas de la pornografía como la fuente primaria de su educación sexual. La neurociencia nos enseña que, durante la adolescencia, las personas desarrollan su comprensión de las relaciones sexuales, establecen su identidad y comienzan a desarrollar la habilidad de aplazar la gratificación. Por eso, cuando altas dosis de pornografía son inyectadas en el cerebro adolescente, esos guiones sexuales pueden convertirse en eventos fundacionales que definen la forma en que esa persona se comprende a sí misma y se relaciona con los demás. Esto es muy significativo, sobre todo cuando consideramos el alto índice de adolescentes que de manera regular consumen el porno extremo y violento que he descrito antes. Pero los graves efectos de la pornografía no se limitan a dañar el cerebro adolescente, pues sus consecuencias en los adultos que la consumen están lejos de ser irrelevantes. Por eso, pasemos ahora a exponer algunos de los principales hallazgos científicos sobre los efectos individuales y sociales de la pornografía.

---

[24] British Board of Film Classification, Young People, Pornography & Age Verification (2020). Consultado en: https://truthaboutporn.org/study/young-people-pornography-age-verification/

[25] Elena Martellozzo *et al., A Quantitative and Quality Examination of the Impact of Online Pornography on the Values, Attitudes, Beliefs, and Behaviors of Children and Young People*, Londres: Middlesex University, NSPCC, 2017. Consultado en: https://learning.nspcc.org.uk/media/1187/mdx-nspcc-occ-pornography-report.pdf

5.2. Costos individuales y sociales de la pornografía

> "El consumo de pornografía no sólo
> desarrolla hábitos e incluso
> adicciones... La pornografía cambia
> a las personas."
> Dra. Jill Manning[26]

"Un nuevo fenómeno está ocurriendo, sobre el que he tratado de sonar una alarma, porque no es pasajero. No es una fase. Las vidas de cientos de hombres y mujeres jóvenes están siendo arruinadas por la pornografía excesiva".[27] Éstas son palabras del doctor Philip Zimbardo, psicólogo y profesor emérito de la Universidad de Stanford. En los debates sobre pornografía, la respuesta más común entre los jóvenes que la defienden suele ser algo como: "Sólo estoy viéndola y no hago daño a nadie. ¿Cuál es el problema?". Pues bien, tanto el doctor Zimbardo como otros cientos de estudios avalados por figuras relevantes de la comunidad científica sostienen lo contrario: la pornografía es dañina y no necesita convertirse en adicción para destruir las vidas de quienes la consumen.

Empecemos con el principio de neuroplasticidad y el hecho de que la pornografía reconfigura el cerebro. Existen más de 100 estudios sustentados por la neurociencia que apoyan el modelo de adicción

---

[26] Cfr. Jill C. Manning, La influencia de la pornografía en la mujer: hallazgos científico-sociales y observaciones clínicas, en James R. Stoner y Donna M. Hughes (eds.), *Los costes sociales de la pornografía*, Madrid, Ediciones Rialp, 2014, pp. 115-140. La Dra. Manning es terapeuta matrimonial y familiar especializada en trabajos clínicos relacionados con la pornografía y el comportamiento sexual problemático.

[27] Entrevista con el Dr. Philip Zimbardo recogida en el Documental *Brain, Heart, World* (2018), producido por Fight The New Drug. Disponible gratis en: https://brainheartworld.org/

para explicar los efectos de la pornografía.[28] En términos simples, estos estudios reportan la presencia de los cuatro principales cambios cerebrales que provoca la adicción a sustancias en los usuarios frecuentes de pornografía: sensibilización, desensibilización, hipofrontalidad (circuitos prefrontales disfuncionales) y mal funcionamiento del sistema de estrés. La adicción a la pornografía es real y, según la Clasificación Internacional de Enfermedades (ICD-11), puede ser diagnosticada como "trastorno de comportamiento sexual compulsivo" (6C72). Es cierto, también, que no todas las personas que consumen pornografía desarrollan una adicción. De hecho, la mayoría de los consumidores no son adictos. Por ello me interesa exponer aquí únicamente el concepto de *tolerancia,* algo que opera de la misma forma en el cerebro de cualquier persona que consume porno. Se trata de una de las características del abuso de sustancias y se conoce como efecto de escalación. Básicamente lo que esto significa es que a medida que el usuario se acostumbra a las imágenes que en un inicio despertaron su excitación sexual se va desensibilizando a ellas (desarrolla *tolerancia*). En consecuencia, necesita no sólo consumir más cantidad que antes para alcanzar el mismo nivel de excitación sexual, sino que necesita más variedad. Y, en el mundo del porno, para encontrar novedad es necesario transitar hacia imágenes cada vez más extremas y violentas, que le permitan al usuario alcanzar el mismo nivel de excitación física y psicológica que experimentó en un inicio.[29] Debido a la neuroplasticidad, la pornografía reconfigura nuestro cerebro con la potente fuerza del instinto sexual, creando nuevos circuitos en las secuencias que activan nuestra respuesta sexual. Así, en la medida en que estos circuitos se activan y se conectan van creando una memoria

---

[28] Es posible acceder a casi todos estos estudios a través de la biblioteca digital de *Your Brain on Porn:* https://www.yourbrainonporn.com/relevant-research-and-articles-about-the-studies/ (consultado por última vez el 20 de junio de 2023).

[29] Para una lectura más profunda sobre los efectos de la pornografía en el cerebro, recomiendo ampliamente el libro de Gary Wilson, *Your Brain on Porn: Internet Pornography and the Emerging Science of Addiction,* Commonwealth Publishing, 2017.

neurológica que eventualmente se convierte en la ruta preferida del cerebro para responder a este tipo de vivencias. El problema crece cuando consideramos que el porno de internet ofrece un estímulo ilimitado e inmediato con el que cada consumidor entrena su cerebro para responder sexualmente a unos niveles de estimulación que no es posible encontrar en la vida real.

Lejos de potenciar nuestra imaginación y mejorar nuestra vida sexual, la evidencia clínica reporta cada vez más casos de *disfunción eréctil inducida por pornografía,* ya que los sobreestímulos del porno han reducido la capacidad de muchos hombres de alcanzar la excitación sexual con sus parejas. De hecho, los datos registrados sobre disfunción eréctil manifiestan un patrón alarmante en las últimas décadas. En la década de los 40, menos del 1% de hombres menores de 30 años y menos del 3% de hombres entre 30 y 45 años experimentaba disfunción eréctil. Luego llegó la revolución digital y con ella el porno de internet. En la actualidad, diversas fuentes constatan que entre el 26% y el 33% de hombres jóvenes están siendo diagnosticados con disfunción eréctil.[30] Un estudio de hombres heterosexuales adictos a la pornografía concluyó que más del 60% experimenta disfunción eréctil con su mujer, mas *no* cuando consume porno (lo cual revela que el problema de fondo subyace en la mente, no en su anatomía).[31] De la misma manera, cada vez hay mayor evidencia de que el consumo de pornografía está vinculado con disfunción sexual tanto en varones como en mujeres con problemas de excitación y rendimiento sexual, así como con dificultades para alcanzar el orgasmo y

---

[30] El término "disfunción eréctil inducida por la pornografía" fue acuñado por el Dr. Abraham Morgentaler, director de Salud Masculina y profesor clínico de Urología de la Facultad de Medicina de Harvard. Estos estudios son citados por John Foubert, How Porn is Changing the Way People are Having Sex, en *How Pornography Harms* (cap. 11 de la edición Kindle).

[31] Valerie Voon *et al.,* Neural Correlates of Sexual Cue Reactivity in Individuals with and without Compulsive Sexual Behaviors, *PLoS ONE 9*(7), e102419 (2014). Consultado en: https://www.ncbi. nlm.nih.gov/pmc/articles/PMC4094516/

una disminución general de la satisfacción sexual de la pareja.[32] Ésta es la paradójica realidad de una cultura pornificada e hipersexualizada en la que un creciente porcentaje de matrimonios tiene una vida sexual cada vez menos activa y enriquecedora.

Sin embargo, los efectos negativos de la pornografía no se reducen al ámbito sexual, y aquí me interesa retomar las palabras de la doctora Jill Manning que he citado al inicio de este apartado, quien afirma que el consumo de porno no sólo desarrolla hábitos o incluso adicciones, sino que *cambia a las personas,* pues obstaculiza su capacidad para conectar y crear vínculos afectivos sanos.[33] Recordemos que el mundo del porno es un mundo de gratificación inmediata, en el que las personas son objetos sexuales que carecen de intimidad y conexión, en el que no hay relación recíproca ni se busca el placer del otro. Se trata de un mundo en el que las mujeres parecen gozar el encuentro sexual con hombres que no expresan más que desprecio hacia ellas y en el que cada acto sexual está diseñado para ofrecer el máximo nivel de degradación. En este mundo las mujeres *nunca* dicen que no y cuando lo hacen, en realidad están insinuando que sí lo desean. Ante esta realidad no sorprende entonces que el consumo de pornografía esté afectando negativamente las relaciones de pareja. En 2016 los doctores John y Julie Gottman publicaron una carta en la que exponían su preocupación ante la evidencia clínica que han recogido en los últimos años respecto a este problema. Vale la pena citar a continuación un extracto de esta publicación:

Hay muchos factores sobre el uso de la pornografía que pueden amenazar la intimidad de una relación. En primer lugar,

---

[32] Cfr. Gary Wilson, What Are We Dealing With?, en *Your Brain on Porn* (cap. 1 de la Edición Kindle). Múltiples estudios que demuestran el vínculo entre el consumo de pornografía y diversos problemas de disfunción sexual están disponibles en la biblioteca digital que he citado anteriormente: https://www.yourbrainonporn.com/relevant-research-and-articles-about-the-studies/

[33] Cfr. Jill C. Manning, "La influencia de la pornografía en la mujer: hallazgos científico-sociales y observaciones clínicas", en James R. Stoner, Jr. y Donna M. Hughes (eds.), *Los costes sociales de la pornografía,* pp. 115-140.

la intimidad de la pareja es una fuente de conexión y comunicación entre dos personas. Pero cuando una persona se acostumbra a masturbarse con pornografía, en realidad se aleja de la interacción íntima. En segundo lugar, al ver pornografía, el usuario tiene el control total de la experiencia sexual, en contraste con el sexo normal, en el que se comparte el control con la pareja. […] Peor aún, muchos sitios de pornografía incluyen violencia hacia las mujeres, la antítesis de la conexión íntima. […] La pornografía también puede provocar una disminución de la confianza en la relación y una mayor probabilidad de tener aventuras fuera de ella.

[…] En conclusión, nos vemos obligados a concluir incondicionalmente que, por muchas razones, la pornografía supone *una grave amenaza* para la intimidad de la pareja y la armonía de la relación. Este momento exige un debate público y queremos que nuestros lectores de todo el mundo comprendan lo que está en juego.[34]

Uno de los hallazgos más consistentes en relación con este tema es la brecha que existe en el consumo de pornografía entre varones y mujeres. Diversos estudios han mostrado que, aunque el consumo de porno en mujeres va en aumento, los varones son más propensos a consumirla y esto es particularmente cierto en el caso del consumo regular o compulsivo.[35] Es interesante que la razón más común por la que las mujeres afirman ver pornografía es para agradar

---

[34] John y Julie Gottman, An open letter on porn, en *The Gottman Institute. A Research-Based Approach to Relationships* (publicado el 5 de abril de 2016). Consultado en: https://www.gottman.com/blog/an-open-letter-on-porn/. El Instituto Gottman es reconocido a nivel mundial por la investigación y el trabajo clínico enfocado en terapia de parejas y estabilidad marital.

[35] Cfr. Jason S. Carroll *et al.*, The Porn Gap: Differences in Men's and Women's Pornography Patterns in Couple Relationships: A Qualitative Study, *Journal of Couple & Relationship Therapy*, *16*(2), 2017, 146-163. Consultado en: https://doi.org/10.1080/15332691.2016.1238796

sexualmente a su pareja.[36] Sin embargo, aun cuando consideran que el consumo de porno está bien para otras personas, muchas no conciben un rol aceptable para la pornografía dentro de su propia relación.[37] Los estudios también ponen de manifiesto que un alto porcentaje de mujeres a menudo no son conscientes de la cantidad de porno que consumen sus parejas. Por tanto, al descubrir que su marido es consumidor de pornografía, muchas experimentan sentimientos de traición, dolor, rabia, desconfianza y desolación. Este hecho no sólo destruye su autoestima y su confianza, sino que atenta contra los cimientos sobre los que construyeron su matrimonio. Muchas mujeres interiorizan la objetivización propia de la pornografía en su relación y expresan frecuentemente sentirse usadas por su pareja. Otras sufren síntomas de ansiedad y depresión tras descubrir que su cónyuge consume porno regularmente, y en ocasiones expresan también tendencias suicidas.[38] Todo lo anterior ha llevado a diversos investigadores a concluir que la pornografía tiene un rol trascendental no sólo en el sexo, sino también en los sentimientos de confianza, seguridad y fidelidad de las relaciones.[39] De hecho, en la reunión de noviembre de 2003 de la American Academy of Matrimonial Lawyers, encuentro que reúne a los abogados estadounidenses especializados en divorcios, una tendencia alarmante se convirtió en el centro de atención: casi dos terceras partes de los abogados presentes habían sido testigos del aumento repentino

---

[36] Cfr. John Foubert y Anna J. Bridges, What is Attraction? Understanding Gender Differences in Reasons for Viewing Pornography in Relationship to Bystander Intervention, *Journal of Interpersonal Violence 32*(20), 2016. Consultado en: https://doi.org/10.1177/0886260515596538

[37] Cfr. Spencer B. Olmstead *et al.*, Emerging Adults' Expectations for Pornography Use in the Context of Future Committed Romantic Relationships, *Archives of Sexual Behavior, 42,* 2013, 625-635. Consultado en: https://pubmed.ncbi.nlm.nih.gov/22886349/

[38] Cfr. Ana J. Bridges, Los efectos de la pornografía en las relaciones interpersonales, en James R. Stoner, Jr. y Donna M. Hughes (eds.), *Los costes sociales de la pornografía,* Madrid: Rialp, 2014, pp. 141-174.

[39] Cfr. Fight the New Drug. How Porn Can Hurt a Consumer's Partner, 2023. Consultado en: https://fightthenewdrug.org/get-the-facts/. Este artículo recoge los resultados de diversos estudios académicos y ofrece el enlace para acceder a su fuente original.

de divorcios relacionados con el internet, de los cuales el 58% era resultado del consumo excesivo de pornografía en línea por parte de alguno de los cónyuges. Esta cifra corresponde a la realidad social de hace 20 años.[40] En definitiva, los resultados que podemos observar después de tantos años de investigación nos permiten llegar a una conclusión inequívoca: no existe un solo estudio longitudinal que demuestre que la pornografía mejora las relaciones de pareja y cada vez tenemos mayor evidencia científica y clínica que demuestra lo contrario.

Sin duda, estos efectos están directamente relacionados con el hecho de que los usuarios de internet están consumiendo pornografía cada vez más violenta y extrema. Un número creciente de estudios muestra cómo las narrativas del porno influyen en las creencias, actitudes y comportamientos de los consumidores, primordialmente a través de la normalización de la violencia. Considerando las estadísticas expuestas en el primer apartado respecto al alto índice de violencia y agresión que contiene el porno convencional de nuestros días (al menos uno de cada tres videos pornográficos expone violencia y agresión sexual y el 95% de las veces las víctimas parecen neutrales o responden con placer), podemos afirmar que la pornografía está enviando el mensaje de que la violencia es un componente fundamental del placer sexual. Dicho en otras palabras: la pornografía ha convertido la violencia en algo *sexy*. Esto cobra mayor relevancia cuando entendemos que estamos ante un potente instructor tanto de creencias como de comportamientos, que proporciona, además, unas condiciones ideales para el aprendizaje. Así lo explica la doctora Mary Anne Layden, directora del programa de Trauma Sexual y Psicopatología de la Universidad de Pensilvania al afirmar que la pornografía "tiene el potencial de enseñar tanto creencias como comportamientos

---

[40] Cfr. Pamela Paul, "De la pornografía al porno: cómo el porno se convirtió en una norma", en James R. Stoner, Jr. y Donna M. Hughes (eds.), *Los costes sociales de la pornografía*, pp. 17-44.

y proporciona unas condiciones ideales para el aprendizaje".[41] La autora continúa explicando que una categoría de creencias aprendidas está constituida por aquellas que "conceden permisos". De modo que la pornografía no sólo es capaz de enseñar actitudes y comportamientos sociales, sino también de conceder permiso para ponerlos en práctica, de tal manera que esas creencias se convierten en detonadoras de comportamientos. Por eso el efecto de la pornografía es multidimensional: es instructora, liberadora y desencadenante de comportamientos.

Diversos estudios muestran que el consumo de pornografía, incluso de aquella que carece de violencia, cambia en los usuarios las creencias sobre violencia sexual y violación.[42] La probabilidad de violar a una mujer en el futuro se ha correlacionado con el uso de *todos* los tipos de pornografía, incluida la suave.[43] Esto pone de manifiesto que los efectos de la pornografía no dependen exclusivamente del material al que se esté expuesto, sino que influye también la frecuencia de la exposición. Un metaanálisis llevado a cabo sobre 33 estudios puso en evidencia que la exposición a pornografía, violenta o no, aumenta la ocurrencia de agresiones comportamentales, demostrando la correlación que existe entre el consumo de porno y diversas actitudes negativas, como fantasías violentas o asaltos sexuales reales.[44] De acuerdo con Mary Anne Layden, estos patrones se manifiestan tanto en adultos como en menores de edad y aparecen en

---

[41] Mary Anne Layden, "Pornografía y violencia: un elemento nuevo en la investigación", en James R. Stoner, Jr. y Donna M. Hughes (eds.), *Los costes sociales de la pornografía*, pp. 97-114.

[42] Cfr. J. Check y T. Guloein, The effects of repeated exposure to sexually violent pornography, nonviolent dehumanizing pornography, and erotica, en D. Zillmann y J. Bryant (eds.), *Pornography: Research Advances and Policy Considerations,* Nueva Jersey: Lawrence Erlbaum Associates, 1989, pp. 159-184.

[43] Cfr. S. B. Boeringer, Pornography and sexual aggression: Associations of violent and nonviolent depictions with rape and rape proclivity, *Deviant Behavior,* 15(3), 1994, pp. 289-304. Citado por M. Layden en James R. Stoner, Jr. y Donna M. Hughes (eds.), *Los costes sociales de la pornografía,* p. 105.

[44] Cfr. Mike Allen *et al.,* Exposure to pornography and acceptance of the rape myth, *Journal of Communication,* 45(1), 1995, pp. 5-26. Consultado en: https://doi.org/10.1111/j.1460-2466.1995.tb00711.x

los estudios realizados sobre las personas que cometen el delito y sus víctimas. Si consideramos el vasto océano de pornografía violenta, inmediata e ilimitada que hoy está disponible en internet, así como el creciente número de personas que la consumen con regularidad en el mundo entero, todos estos hallazgos se vuelven *muy* significativos. Y, en efecto, múltiples investigaciones indican que los consumidores de pornografía son más propensos a cosificar y deshumanizar sexualmente a otros,[45] más propensos a disfrutar comportamientos sexuales degradantes o agresivos,[46] más propensos a expresar una intención de violación,[47] menos propensos a intervenir durante una agresión sexual,[48] más propensos a culpar a las víctimas de agresiones sexuales y más propensos a cometer actos reales de violencia sexual.[49] En relación con la población más joven, se ha observado que los adolescentes que consumen porno son más propensos a reenviar mensajes de texto sexuales sin consentimiento (lo que se conoce como *sexting*),[50] más propensos a desarrollar baja autoestima a causa de su apariencia física y su desempeño sexual,[51] más propensos a involucrarse en

---

[45] Cfr. Malvina Skorska *et al.*, Experimental effects of degrading versus erotic pornography exposure in men on reactions toward women (objectification, sexism, discrimination), *The Canadian Journal of Human Sexuality*, 27(2018), pp. 261-276.

[46] Cfr. Matthew Ezzel *et al.*, I (dis)like it like that: gender, pornography and liking sex, *Journal of Sex & Marital Therapy*, 45, 2020. Consultado en: https://truthaboutporn.org/study/i-dislike-it-like-that-gender-pornography-and-liking-sex/

[47] Cfr. John Foubert *et al.*, Pornography viewing among fraternity men: Effects on bystander intervention, rape myth acceptance and behavioral intent to commit sexual assault, *The Journal of Treatment and Prevention*, 18(4), 2011, pp. 212-231. Consultado en: https://doi.org/10.1080/10720162.2011.625552

[48] Cfr. John Foubert y Anna J. Bridges, What is Attraction?, *op. cit.*

[49] Paul J. Wright y Robert S. Tokunaga, Men's Objectifying Media Consumption, Objectification of Women, and Attitudes Supportive of Violence Against Women, *Archives of sexual behavior*, 45(4), 2016, 955-964. Consultado en: https://doi.org/10.1007/s10508-015-0644-8

[50] Cfr. Thorn & Benenson Strategy Group, Thorn Research: Understanding sexually explicit images, self-produced by children, *Thorn* (2020). Consultado en: https://www.thorn.org/blog/thorn-research-understanding-sexually-explicit-images-self-produced-by-children/

[51] Cfr. Kohut T, Štulhofer A. Is pornography use a risk for adolescent well-being? An examination of temporal relationships in two independent panel samples, *PLoS One* 13(8): e0202048,

actividades de riesgo y con frecuencia se sienten presionados a replicar escenas porno en sus encuentros sexuales.[52] Ciertamente ninguno de estos estudios indica que la pornografía es la causa directa de estos comportamientos, pero todos ellos muestran una evidente *correlación*. Es indiscutible que el porno está desempeñando un papel importante en la normalización de la violencia pues, en esencia, lo que les enseña a sus consumidores es que la violencia es una pieza clave de la experiencia sexual. Esto es particularmente alarmante cuando consideramos que el 45% de los adolescentes que consume pornografía lo hace, en parte, para aprender sobre sexualidad y que el 53% de los chicos entre 11 y 17 años cree que el porno es una representación realista del sexo. Esto quiere decir que cuando estos adolescentes consumen pornografía, el mensaje que ellos aprenden es que a las chicas les gusta ser golpeadas e insultadas y el mensaje que ellas reciben es que, supuestamente, deben disfrutar cuando los chicos las maltratan o abusan de ellas. El hecho es que la pornografía actual promueve constantemente imágenes de violencia sexual que la mayoría de nosotros consideraría actos criminales. ¿Y qué impacto tiene esto sobre nuestra cultura? La respuesta que ofrece la doctora Mary Anne Layden es indiscutible:

> He sido psicoterapeuta por más de 25 años. Me especializo en el tratamiento de víctimas de violencia sexual, perpetradores y adictos al sexo. Paso mi día, todos los días, hablando con violadores, víctimas de violación, pedófilos y sobrevivientes de incesto, adictos al sexo, adictos a la pornografía, prostitutas, *strippers* y modelos de porno. Después de haber hecho este trabajo por más de 10 años, de pronto caí en la cuenta de que no había tratado *un* solo caso de violencia sexual que no invo-

2018. Consultado en: https://www.ncbi.nlm.nih.gov/pmc/articles/PMC6088458/

[52] Emily F. Rothman *et al.*, A Qualitative Study of Pornography Use Among a Sample of Urban, Low-Income, Black and Hispanic Youth, *Journal of Sex Research, 52*(7), 2015, 736-746. https://doi.org/10.1080/00224499.2014.960908

lucrara pornografía… No necesitas un doctorado en psicología para darte cuenta de que algo significativo está ocurriendo aquí.[53]

5.3. Detrás de cámaras: tráfico de personas y pedofilia

> "No vengas aquí buscando amor…"
> Anuncio de un sitio porno[54]

El argumento filosófico en la base de muchas apologías de la pornografía consiste en defender la autonomía sexual en el marco de una moral liberal. Básicamente es el principio de que los individuos tienen libertad para definir y realizar su propia sexualidad de manera autónoma. En un artículo titulado "The Right To Get Turned On", Andrew Altman sostiene este principio liberal y afirma que la pornografía que es producida y consumida con el consentimiento de los adultos involucrados no es moralmente reprobable. En esas circunstancias, afirma, "la clara conclusión es que los adultos tienen el derecho a producir, distribuir y consumir pornografía libremente".[55] Esta discusión filosófica tiene diversas aproximaciones, pero las condiciones del presente artículo me impiden atenderlas detalladamente. Quiero solamente destacar el concepto de *consentimiento*, pues,

---

[53] Entrevista de la doctora Mary Anne Layden con John Foubert, presentada en The Link Between Pornography and Sexual Violence, en *How Pornography Harms* (cap. 4 de la edición Kindle). Traducción de la autora.

[54] "Don't Come Here Looking for Love". Anuncio de I'm Live, página web de porno. Citado por Gail Dines: Porn and the Industrialization of Sex, en *Pornland* (introducción a la edición Kindle).

[55] Andrew Altman, The Right to Get Turned On: Pornography, Autonomy, Equality, en Andrew I. Cohen & Christopher Heath Wellman (eds.), *Contemporary Debates in Applied Ethics*, 2a. ed., John Wiley & Sons, 2014. Edición Kindle. Traducción de la autora.

al igual que Andrew Altman, un gran número de personas defiende el uso de pornografía partiendo de la idea de que se trata de una actividad consensuada entre adultos. Desafortunadamente, en esta industria el problema del tráfico sexual es mucho más grande de lo que la gente imagina. Según los casos informados a la Línea Directa Nacional de Trata de Personas en los Estados Unidos, *la pornografía es la tercera forma más común de trata sexual*,[56] y diversas investigaciones realizadas con la colaboración de múltiples actores porno han puesto en evidencia que la explotación sexual y la trata son experiencias comunes en esta industria,[57] tan comunes que la relación entre pornografía y trata se describe como simbiótica, es decir, que tiene una retroalimentación perfectamente circular. De acuerdo con la Ley de Protección de las Víctimas de la Trata de Personas (TVPA, por sus siglas en inglés), el tráfico sexual se define como una situación en la que "un acto sexual comercial es inducido por la fuerza, el fraude o la coacción, o en el que la persona inducida a realizar dicho acto no ha cumplido los 18 años".[58] Por desgracia, en la industria de la pornografía abundan los casos de víctimas que son sometidas físicamente, drogadas, alcoholizadas y obligadas a participar en la filmación de videos porno, que luego son distribuidos "legalmente" en múltiples plataformas de internet.[59] De hecho, los abusos y violaciones de un alto número de víctimas que ya han sido vendidas y prostituidas a través de diferentes redes criminales son filmados y posteriormente

---

[56] Polaris. 2019 data report: The U.S. national human trafficking hotline (2020). Consultado en: https://polarisproject.org/wp-content/uploads/2019/09/Polaris-2019-US-National-Human-Trafficking-Hotline-Data-Report.pdf

[57] Meghan Donevan, In this industry, you're no longer human: An exploratory study of women's experiences in pornography production in Sweden, *Dignity: A Journal of Analysis of Exploitation and Violence*, 2021. Consultado en: https://truthaboutporn.org/study/in-this-industry-you-re-no-longer-human-an-exploratory-study-of-womens-experiences-in-pornography-production-in-sweden/

[58] *Trafficking Victims Protection Reauthorization Act of 2017*. Consultado en: https://www.govinfo.gov/content/pkg/BILLS-115s1862enr/pdf/BILLS-115s1862enr.pdf

[59] Cfr. Emma Lacey-Bordeaux & Will Ripley, Man accused of raping women during fake sleep study, putting video of attacks online, 2015 en CNN. Consultado en: https://www.cnn.com/2015/02/05/asia/japan-rape-porn-arrest/index.html

distribuidos en las principales plataformas de contenido pornográfico, como Pornhub y Youporn.[60] Por otro lado, en años recientes un creciente número de actores y actrices porno han comenzado a denunciar las diversas formas en las que han sufrido manipulación, coerción y engaño por parte de esta industria.[61] Recordemos que muchos de estos actores vuelven a casa con un sueldo íntegro y un contrato firmado, a pesar de haber filmado escenas para las que no habían consentido con pleno conocimiento y libertad. El asunto crucial es que en la industria de la pornografía "consentir" se dice de muchas maneras. Sin embargo, de acuerdo con la definición de tráfico de personas de las Naciones Unidas "el consentimiento de la víctima de trata se vuelve *irrelevante* cuando se usan cualquiera de los 'medios' de la trata [coerción, fraude, amenaza de fuerza, etc.]".[62] Por eso, en años recientes diversos movimientos a nivel mundial, como Traffickinghub, ExodusCry, FightTheNewDrug y The National Center on Sexual Explotiation (NCOSE), han denunciado cientos y cientos de casos que comprueban que las plataformas principales de pornografía promueven, distribuyen y ganan millones de dólares con material no consensuado en el que están involucradas personas que son víctimas de la trata.[63]

---

[60] Cfr. Nicholas Kristof, The Children of Pornhub: Why does Canada allow this company to profit from videos of sexual exploitation and assault, *New York Times*, 2020. Consultado en: https://www.nytimes.com/2020/12/04/opinion/sunday/pornhub-rape-trafficking.html

[61] Es sorprendente el testimonio de Greg, uno de los actores porno más exitosos de la historia. Recibió el premio como Mejor Actor de Adult Video News en cuatro ocasiones y en 2022 fue registrado dentro de su Salón de la fama. Sin embargo, en cuanto Greg se retiró de la industria, en 2011, compartió su testimonio, en el que revela la realidad sobre el comienzo de su carrera y el modo en que trabajar para esta industria destruyó su vida. En esta liga es posible acceder a la entrevista exclusiva que ofreció para Fight The New Drug: Most Successful Male Porn Star Of All Times Speaks Out on Porn: https://www.youtube.com/watch?v=Hx-p9Wr6xg0

[62] United Nations. Human trafficking FAQ's, 2020. Consultado en: https://www.unodc.org/unodc/en/human-trafficking/faqs.html#What_if_a_trafficked_person_consents

[63] Pongo a continuación las ligas oficiales de los movimientos que he citado anteriormente, en donde es posible acceder a múltiples investigaciones y casos que exponen la forma en la que la pornografía promueve, distribuye y se beneficia del tráfico sexual de niños, ado-

Este problema nos conduce naturalmente al aspecto más difícil y apremiante de nuestra discusión: el de la *pornografía pseudo infantil* (PCP por sus siglas en inglés) o *teen porn* como se conoce entre los usuarios. Para introducirlo, me gustaría recordar el verano de 2017 en que los pasillos del colegio se llenaban de música mientras mis alumnas de 14 años cantaban al unísono el último éxito de Becky G ft. Bad Bunny. Es interesante que mis alumnas de secundaria bailaran con tanta emoción una canción que fue duramente criticada por insinuar la relación de un hombre adulto con una menor de edad; de ahí el título "Mayores", cuyo video oficial tiene más de 100 millones de reproducciones en YouTube. Que una canción con esta narrativa se haya convertido en un éxito nos dice mucho sobre el alcance de la pornografía y cómo se ha normalizado en nuestra cultura. Habrá quienes piensen que lo que digo es exagerado. El hecho es que, según un estudio de 2021 en el que se analizaron más de 130 000 títulos pornográficos, *teen* es el término más común en todos ellos.[64] Diversas investigaciones muestran que *teen* es una de las categorías más buscadas de porno y su popularidad entre los usuarios es cada vez mayor. En 2006 este género acumuló más de 20 millones de búsquedas en internet, un incremento del 61% en tan sólo dos años.[65] Como madre de tres niñas pequeñas, en este punto de mi investigación me fue imposible continuar a fondo, pues la realidad que hay detrás es profundamente perturbadora. Me limito ahora a exponer una breve descripción de este género y de los motivos de preocupación social que ha despertado su creciente popularidad.

---

lescentes y personas adultas: https://traffickinghub.com/, https://exoduscry.com/, https://endsexualexploitation.org/, https://fightthenewdrug.org/

[64] Cfr. Fiona Vera-Gray *et al.*, Sexual violence as a sexual script in mainstream online pornography, *The British Journal of Criminology*, 61(5), 2021, pp. 1243-1260. Consultado en: https://doi.org/10.1093/bjc/azab035

[65] Cfr. Andrea Walker *et al.*, Finding Lolita: A comparative analysis of interest in youth-oriented pornography, *Sexuality & Culture: An Interdisciplinary Quarterly*, 20(3), pp. 657-683. Consultado en: https://doi.org/10.1007/s12119-016-9355-0

Es importante destacar ahora que de los 100 000 millones de dólares que genera esta industria anualmente, el 20% es generado por la pornografía infantil.[66] Puesto que la pornografía que involucra a niños menores de 18 años es ilegal en casi todas partes del mundo, la pornografía pseudo infantil (PCP) utiliza a jóvenes que han apenas alcanzado la edad legal adulta para representar a las niñas de sus escenas sexuales. Aunque la industria nunca se refiere a estos sitios bajo los términos de "pornografía infantil". En realidad, aparecen como un subgénero de porno denominado *teen porn* o *teen sex*. Existen diversas formas de acceder a estos sitios, siendo Google la más obvia y la más eficiente.

A pesar de los alarmantes datos que confirman que la categoría *teen porn* se ha convertido en una de las más populares de internet, hay muy poca investigación al respecto. Esto se explica en parte porque para quienes trabajan en combatir el campo de la pornografía infantil ilegal resulta más urgente desmantelar las redes criminales que producen y consumen dicho material, a fin de proteger las vidas de los millones de niños que hoy son víctimas de tráfico sexual. En comparación con los devastadores índices de abuso sexual infantil que promueven estas redes criminales de pornografía, las imágenes de pornografía pseudo infantil (PCP) pueden parecer, entonces, un asunto menos apremiante, ya que las actrices involucradas tienen al menos 18 años y, en consecuencia, su participación no supone ningún crimen como tal. Pero si centramos nuestra atención en los efectos del consumo y no en los medios de producción, entonces el problema reaparece como algo urgente y profundamente inquietante. Diversos estudios han analizado la relación que hay entre el consumo de pornografía infantil y el abuso sexual a niños y niñas. En 2014, por ejemplo, después de realizar un análisis de 30 estudios

---

[66] United States House of Representatives, testimony of Ernie Allen. Sexual exploitation of children over the Internet: What parents, kids, and congress need to know about child predators, 2006. Datos recogidos por John Foubert, Sexual Abuse Pictures, Also Known as Child Pornography, en *How Pornography Harms* (cap. 12 de la edición Kindle).

diversos, un grupo de investigadores determinó que los agresores sexuales que también poseen pornografía infantil han cometido el mayor número de agresiones sexuales contra niños.[67] Otra investigación mostró que si un varón es detenido por pornografía infantil, hay una probabilidad mayor al 50% de que haya abusado sexualmente de un menor. Muchos, de hecho, tienen varias víctimas.[68] Para analizar, entonces, los posibles efectos que las imágenes de pornografía infantil y el género *teen* tienen en común, hemos de valorar el nivel de éxito con el que los sitios de PCP construyen una realidad que permite convencer al usuario de que está consumiendo imágenes de niños sexualizados, no de adultos.

Es fundamental comprender lo que de hecho se promueve en los sitios de *teen porn* o *teen sex,* hoy tan populares en las diferentes plataformas de pornografía. Lo que hacen los productores de este género es "infantilizar" a sus actrices con diversas técnicas que les permiten retratarlas como niñas. Utilizan diferentes accesorios y vestuarios propios del mundo infantil, como ositos de peluche, uniformes de estudiante, paletas, muñecas y listones de colores. El objetivo es ofrecer al consumidor un material pornográfico que representa actos sexuales con menores de edad. Las imágenes de PCP varían en la intensidad y la perversión de su contenido, pues los actos sexuales en ellas representados son extraídos del mundo de la pornografía adulta, de modo que los sitios se mueven entre imágenes relativamente no violentas hacia imágenes de niñas que son usadas sexualmente de forma sadomasoquista, violenta y abusiva. La principal oferta que este género le brinda al usuario es la oportunidad de ser testigo de cómo estas niñas pierden su inocencia. El aspecto más

---

[67] Cfr. Kelly M. Babchishin *et al.,* Online child pornography offenders are different: A meta-analysis of the characteristics of online and offline sex offenders against children, *Archives of Sexual Behavior,* 44(1), 2014. Consultado en: https://doi.org/10.1007/s10508-014-0270-x

[68] Cfr. Michael Bourke & Andrés Hernández, The "Butner Study" redux: A report on the incidence of hands-on child victimization by child pornography offenders, *Journal of Family Violence* 24(3), 2009, 183-191. Consultado en: https://doi.org/10.1007/s10896-008-9219-y

inquietante del género *teen* es la representación exacta del abuso sexual infantil que promueven sus narrativas, ya que éstas se basan en los mismos códigos, símbolos y procesos que los perpetradores usan para abusar de sus víctimas en el mundo real. Es interesante que todos estos sitios, incluso aquellos que promueven escenas *gonzo*, representan historias en las que los hombres no utilizan la fuerza para obligar a las niñas a cumplir con sus exigencias sexuales, sino que seducen, manipulan y eventualmente revelan a sus pequeñas como cómplices, un rasgo característico del abuso sexual infantil, en el que los perpetradores manipulan a sus víctimas por medio de vínculos afectivos que les permiten explotar al menor, asegurando su silencio. Insisto de nuevo en que todos estos sitios producen cuidadosamente un escenario que permite convencer al consumidor de que las niñas representadas en esas imágenes son, de hecho, menores de edad y no jóvenes adultas.

Desafortunadamente, puesto que los sitios de pornografía pseudo infantil no han sido el foco de investigaciones empíricas, aún no podemos determinar cuáles serán sus efectos a nivel social. Lo que sí podemos hacer es explorar el papel que este género está ocupando en la normalización de la pedofilia y la sexualización de los niños. Es fundamental comprender que el género *teen* es el sustituto perfecto para aquellos hombres que aún no están dispuestos a romper la ley para satisfacer sus deseos sexuales más oscuros. Sin embargo, al igual que con cualquier forma de pornografía, también el consumidor de PCP desarrolla tolerancia y esa desensibilización eventualmente lo conduce al aburrimiento y a la necesidad de contenidos más extremos. Obviamente, el paso que sigue es el consumo de pornografía infantil, en donde ya no hay representaciones, sino niños reales que están siendo usados sexualmente. Después de un tiempo, también el consumo visual puede volverse insuficiente y el usuario necesita entonces recurrir a la prostitución y al abuso sexual infantil. Si recordamos la explicación de la doctora Mary Anne Layden sobre el modo en que la pornografía es instructora, liberadora y desencadenante de comportamientos, podemos comprender por qué diversos autores han alzado la voz para denunciar las múltiples formas en que estos sitios de PCP o *teen porn* pueden convertirse en el puente que conecta la pornografía adulta con la pornografía infantil.

5.4. Pornografía en México

> "Los demonios del Edén se habían
> soltado, e intentaban convertir mi vida
> en un infierno, castigarme por decir la verdad."
> Lydia Cacho

De acuerdo con un reporte que el Senado de la República publicó en 2021, México ocupa el primer lugar de difusión de pornografía infantil a nivel mundial.[69] Diversos movimientos internacionales han denunciado el acelerado crecimiento de este problema en nuestro país, en donde prevalece la inexistencia de estructuras y programas especializados que permitan prevenir y erradicar debidamente este crimen.[70] En el reporte anteriormente citado, la Procuraduría General de la República PGR indicó que, a lo largo de 2021 se detectaron 12 300 cuentas personales desde las que se difunde pornografía infantil, en imágenes o en videos. Pero el asunto más apremiante es que en el mismo año sólo se presentaron 130 denuncias contra pedófilos, de

---

[69] Senado de la República. Coordinación de Comunicación social, México: primer lugar en pornografía infantil. Exhortando al gobierno a fortalecer estrategias para contrarrestarlo, 2021. Consultado en: http://comunicacion.senado.gob.mx/index.php/periodo-ordinario/boletines/8434-boletin-035-mexico-primer-lugar-en-pornografia-infantil-exhortan-al-gobierno-a-fortalecer-estrategias-para-contrarrestarlo

[70] Entre ellas, destaca el llamado de dos organizaciones internacionales dedicadas al problema del tráfico sexual infantil: ECPAT (End Child Prostitution, Child Pornography and Trafficking of Children for Sexual Purposes) y The National Center for Missing and Exploited Children. Es possible consultar estos datos en: http://ecpatmexico.org.mx/ y https://www.missingkids.org/

las cuales, únicamente se desprendieron 33 sentencias. Un año después de la publicación de este reporte llegó la pandemia de covid-19, y con ella el confinamiento global que provocó un aumento abrumador en los niveles de uso de dispositivos tecnológicos. De acuerdo con un estudio que analizó la incidencia en el consumo de pornografía infantil en México, la pandemia trajo consigo un incremento de 73% del volumen de descargas durante el 2020, una estadística alarmante, puesto que a mayor demanda de este material evidentemente hay un aumento en la producción.[71] En su estremecedor libro *Los demonios del Edén*, Lydia Cacho denuncia el enorme poder que tienen en nuestro país las redes criminales de pornografía infantil, que son capaces de mover gobiernos y violar las leyes en detrimento de quienes se atreven a revelar sus prácticas y defender a sus víctimas, como es el caso de esta heroica periodista mexicana. Su libro (escrito en 2005, cuando todo esto era una novedad) es un mapa extraordinario que permite al lector comprender cómo operan estas redes a través de la *deep web* y por qué nuestro país ofrece una estructura que ha permitido la propagación de este delito en índices tan altos.[72] Ahora bien, la discusión sobre el problema del delito de pornografía infantil es sumamente amplia y compleja y me es imposible atenderla aquí. Por eso, en este apartado centraré mi atención únicamente en los datos que tenemos respecto al consumo de pornografía legal en nuestro país, que es el tema que nos ha ocupado a lo largo del presente artículo.

---

[71] Alejandra Aceves *et al.*, Incidencia en el consumo de pornografía infantil en Colombia y México durante el confinamiento en el primer semestre del 2020. Este artículo es el resultado del proyecto de investigación *Justicia constitucional, derecho penal y responsabilidad del Estado* del Programa de Derecho de la Corporación Universitaria Rafael Núñez, con sede en Barranquilla, Colombia. Consultado en: https://dialnet.unirioja.es/servlet/articulo?codigo=8353585

[72] Cfr. Lydia Cacho, *Los demonios del Edén: el poder que protege a la pornografía infantil,* México: Penguin Random House, 2005.

Según datos proporcionados por el Centro de Estudios de Familia, Bioética y Sociedad de la Universidad Pontificia de México,[73] cuatro de las 10 páginas web más visitadas en nuestro país en 2022 son pornográficas. La tercera posición es ocupada por Xvideos, un sitio porno que recibió 550 millones de visitantes únicos tan sólo en el último trimestre de 2022; seguido por Pornhub, en cuarto lugar, que tuvo 393 millones de visitantes únicos. La novena posición es ocupada por Spankbang, otra página de contenido para adultos que recibió 123 millones de visitantes únicos. Destaco que estas cifras corresponden únicamente al último trimestre de 2022. Por otro lado, si consultamos las estadísticas anuales de Pornhub, descubrimos que México es el mayor consumidor de pornografía en Latinoamérica y el quinto país a nivel mundial en el consumo de este material. Es interesante notar que el 48% de los visitantes mexicanos de Pornhub son mujeres, y que el 34% son menores de 24 años; aunque la estadística no lo muestra, es muy probable que muchos sean menores de edad. Este reporte también confirma que en México el 92% de las personas que consumen pornografía lo hacen por medio de teléfonos inteligentes.[74] Al analizar estas cifras es importante tener presente que aunque Pornhub es el mayor distribuidor de pornografía en el mundo, no es la única plataforma. Desafortunadamente, no existe ningún reporte global que reúna datos de las demás plataformas. En este sentido, la información que nos ofrece Pornhub es relevante, pero no puede tomarse como definitiva. Además, estas estadísticas no consideran el material que se comparte personalmente, como los *sextings,* ni el contenido que se distribuye a través de la *deep web.*

El hecho de que cuatro de las 10 páginas más visitadas en México sean pornográficas es un dato muy significativo, que nos habla sobre un problema antropológico, ético y social que necesitamos

---

[73] Diego Padilla Moreno y José Antonio Terán Somohano, "Un vistazo al México digital", primer artículo de este libro.

[74] Pornhub Insights. The 2022 Year in Review, 2022. Consultado en: https://www.pornhub.com/insights/2022-year-in-review

atender con seriedad. A pesar de ello, a lo largo de estos meses de investigación he encontrado poca bibliografía que responda con rigor al problema de la pornografía en México. Las principales fuentes que existen al respecto se centran en la cuestión de la pornografía infantil como delito, mas no atienden otros aspectos igualmente relevantes del consumo legal de porno, como los que hemos discutido en los apartados anteriores. La bibliografía que he consultado proviene, principalmente, de investigaciones realizadas por universidades extranjeras, hecho que se manifiesta en las diversas fuentes que he citado para la redacción de este artículo. Al respecto, me vienen a la memoria las palabras de un profesor de sociología, quien me enseñó alguna vez que, ante temas tan importantes como éste, la falta de datos ya es, en sí, un dato relevante…

5.5. Conclusión

Me parece que el argumento central que desarrolla Andrew Altman en el artículo que he citado anteriormente nos plantea la pregunta fundamental con la que podemos concluir nuestra discusión: *¿es la pornografía un simple asunto de autonomía sexual?* Los meses de investigación que precedieron la redacción de este artículo me han enseñado que una honesta valoración de este problema no puede ser parcial y no puede ser ideológica. No puede centrarse solamente en el punto de vista del consumidor y hacer caso omiso de los demás aspectos que conforman el mundo de la pornografía. Es por ello que he querido ofrecer en este artículo una visión panorámica del problema, pues estoy convencida de que para responder acertadamente a la pregunta anterior se necesita hacer uso de la interdisciplinariedad y valorar todo lo que la pornografía implica (desde sus medios de producción hasta sus métodos de distribución y los efectos de su consumo, tanto individuales como sociales). Entonces, cuando el problema se juzga bajo esta perspectiva, la conclusión se nos muestra inequívoca: la pornografía no es únicamente un asunto de autonomía sexual del individuo que la consume. Es una industria real, con mecanismos que perpetúan una enorme red de delitos, que promueve la misoginia y la absoluta degradación de la persona y cuyos efectos negativos son cada vez más evidentes y están mejor documentados por las diversas ciencias.

Me interesa resaltar que no estoy partiendo aquí de una defensa feminista; aunque, ciertamente, la misoginia que hoy promueven las tendencias dominantes de porno es un alarmante motivo de preocupación social. Destaco este punto porque una gran parte de la literatura actual en el movimiento académico *antiporno* se desarrolla desde esta perspectiva. Sin embargo, cuando observamos lo que realmente está ocurriendo en el mundo de la pornografía nos damos cuenta de que no es solamente la mujer la que está siendo cosificada por esta industria. Lo es también el varón, quien es representado en estas imágenes como un animal sexual, ávido, irracional, completamente dominado por sus instintos más ruines. Así, en su degradación absoluta de la mujer la pornografía destruye también la dignidad del varón, pues en el mundo del porno el varón y la mujer no son personas: son objetos que existen únicamente para saciar un perenne instinto sexual, en cuyo orgasmo parece encontrarse la plenitud de la vida. En este sentido, mi postura en contra de la pornografía no parte específicamente de una defensa feminista, sino de la firme creencia de que el porno destruye tanto a las mujeres como a los varones, tanto a sus consumidores como a sus familias, así como a las miles de víctimas alrededor del mundo cuyos derechos están siendo violentamente invisibilizados por esta industria. Irónicamente, esta realidad se ha vuelto casi invisible en virtud de la ubicuidad con que la pornografía se ha infiltrado en nuestra cultura y en nuestros paradigmas sociales.

He escuchado en numerosas ocasiones que la pornografía representa un dilema ético. *Disiento.* Un dilema ético aparece ante una realidad de la vida humana cuyo bien o mal moral no es evidente; en estos escenarios se hace uso de la filosofía para enfrentar un complejo discernimiento de los claroscuros morales que tantas veces se nos presentan en la búsqueda práctica del bien. Sin embargo, por todo lo que se ha expuesto a lo largo de este artículo, la pornografía es, sencillamente, indefendible. En consecuencia, no representa un dilema ético que sea necesario dirimir. No hay nada moralmente aceptable en la pornografía. No hay nada liberador. No hay nada que promueva el empoderamiento femenino. Ciertamente, no hay nada autónomo ni libre, pues el gran éxito de la pornografía consiste en secuestrar nuestra vida sexual para someterla a los cánones y símbolos de una industria cuyo único fin es la propagación capitalista de su producto. Hoy tenemos suficiente evidencia científica y clínica para sostener con firmeza que la pornografía está destruyendo las vidas de miles de personas, matrimonios y familias alrededor del mundo. En la inagotable cadena de crímenes que se perpetúan constantemente en esta industria, el mayor de todos es la destrucción de la intimidad personal. La pornografía no sólo deshumaniza y degrada el auténtico éxtasis de la sexualidad humana, sino que destruye la dignidad de la persona.

6. Inteligencia artificial: límites y distinciones

Cristopher A. Mendoza Soto

En pocas palabras

Cuando reflexionamos sobre los grandes avances tecnológicos de nuestra época casi inmediatamente pensamos en la inteligencia artificial. Lo que hace unos años eran hipótesis fantasiosas y cuestiones de ciencia ficción ahora es una realidad: un programa de inteligencia artificial es capaz de escribir lo que le pidas. Así de fácil. Y en el adjetivo "fácil" está la clave para entender los límites y los peligros de este fenómeno tan complejo. La tecnología "inteligente" nos facilita cada vez más la vida: desde las indicaciones para llegar a un lugar hasta las recomendaciones de productos que nos conviene comprar, estos dispositivos hacen que nuestras mentes se liberen de la carga de realizar las operaciones normales del intelecto humano. ¿Pero es en realidad una carga realizar estas operaciones que nuestra mente es capaz de hacer naturalmente? ¿Tiene sentido delegarle cada vez más cosas a un programa de inteligencia artificial? Comencemos por trazar límites y hacer distinciones.

El modo de relacionarnos con nuestro entorno tecnológico debe ser pensado con categorías nominales adecuadas y relacionadas debidamente. Para nuevas realidades se deben proponer nuevas categorías. Una de las realidades más alarmantes en los últimos años es aquella denominada con las siglas IA: inteligencia artificial. En este texto se presentan tres momentos argumentativos con los siguientes objetivos: aproximar al lector a la naturaleza de la inteligencia artificial, buscando hacer conciencia de su origen teorético, sus alcances y sus límites; a partir de dicha caracterización, mostrar la diferencia esencial entre la inteligencia artificial y la inteligencia no artificial (propia de la persona humana), y con base en dichas distinciones, enlistar los riesgos que implica la inteligencia artificial para la inteligencia del ser humano. En otras palabras, responderemos qué es la inteligencia artificial, de qué manera se diferencia de la inteligencia humana y cuáles son los peligros que entraña.

6.1. Orígenes históricos de la inteligencia artificial

La historia que emparenta a los sistemas computacionales con la inteligencia humana se remonta a 1948. En septiembre de dicho año la Fundación Hixson ofició el simposio titulado "Cerebral Mechanisms in Behavior"[1] en el Instituto de Tecnología de California. El simposio buscaba un abordaje multidisciplinar del modo en el cual el sistema nervioso controla la conducta. Se presentaron ponencias como la de John von Neumann, que habló acerca de la relación analógica entre cómo el cerebro procesa la información y cómo lo hace una computadora, y

---

[1] L. A. Jefferss (comp.), *Cerebral Mechanism in Behavior, The Hixon Symposium*, Nueva York: John Wiley, 1951.

la de Warren McCulloch, que habló sobre los procesos lógicos del cerebro y cómo éstos pueden ser denominados "mente". El título de su conferencia fue "¿Por qué está la mente en la cabeza?".[2]

Newell afirma que "1956 se podría considerar el año crítico para el desarrollo de la psicología del procesamiento de la información".[3] En dicho año, por ejemplo, Shannon, McCarthy, Nat Rochester y Minsky publicaron *Automata studies*.[4] El 11 de septiembre de 1956, en el segundo día del simposio organizado por Peter Elías, titulado "Special Interest Group in Information Theory", que se llevó a cabo en el MIT,[5] confluyeron las presentaciones de las siguientes investigaciones: A. Newell y Herbert A. Simon presentaron una ponencia titulada "La máquina de teoría lógica: un sistema complejo de procesamiento de información",[6] Georg A. Miller presentó "La memoria humana y el almacenamiento de la información",[7] en la que mostraba los lími-

---

[2] McCulloch, junto con Pitts, había demostrado que las operaciones que realiza una neurona en conexión con otra podían representarse mediante modelos lógicos. Además, el modo de funcionar de los nervios podía ser equiparado con enunciados lógicos bivalentes (que o bien se activaban -V- o bien no lo hacían -F-). Véase: W. McCulloch, A Logical Calculus of the Ideas Immanent in Nervous Activity, *Bullet of Mathematical Biophysics, Pitts W.,* 5, 1943, pp. 115-133. En 1982 Bernstein, citando a Newman, enuncia la conclusión de la investigación iniciada por McCulloch: "Todo lo que pueda describirse de manera exhaustiva e inequívoca […] es materializable mediante una red neural finita adecuada", J. Bernstein, *Science Observed: Eddays Out of My Mind,* Nueva York: Basic Booksm, 1982.

[3] A. Newell y H. Simon, *Human Problem Solving,* Prentice-Hall, 1972, p. 878.

[4] Es una colección de investigaciones que hablan acerca de, entre otras cosas, la representación de eventos en redes nerviosas, la implementación física de la lógica probabilística, la posibilidad del modelamiento neuronal (como unidad de procesamiento de información) en robots, la experimentación de procesos secuenciales en autómatas finitos, la posibilidad de estados internos en una máquina de Turing Universal, etc. Véase: C. E. Shannon y J. McCarthy (eds.), *Automata Studies, Annals of Mathematics Studies,* vol. 34, Princeton, Nueva Jersey: Princeton University Press, 1956.

[5] Véase el registro del simposio en: Special Interest Group in Information Theory, en *Transactions on information theory,* Vol. 2, en https://dblp.org/db/journals/tit/tit2n.html (16/09/2022).

[6] A. Newell y S. Herbert, The logic theory machine-A complex information processing system, en *Transactions on information theory,* vol. 2, pp. 61-79 en https://dblp.org/db/journals/tit/tit2n.html (16/09/2022).

[7] George A. Miller, Human memory and the storage of information, en *Transactions on information theory,* vol. 2, pp. 129-137en https://dblp.org/db/journals/tit/tit2n.html (16/09/2022).

tes de la memoria a corto plazo, y Theodore G. Birdsall presentó "El uso humano de la información-III: Toma de decisiones en situaciones de detección y reconocimiento de señales que involucran múltiples alternativas",[8] que era una explicación del significado de la llamada "teoría de detección de señales" aplicada al reconocimiento perceptivo.

El culmen de este interés colectivo fue la publicación de "Steps toward artificial intelligence",[9] de Minsky, en 1961 y la teoría cibernética de Herbert Simon y de Alan Newell en el libro *Human Problem Solving* de 1972 (que apuesta por la posibilidad de replicar lo que ellos entendían por "procesos cognitivos" en procesos de cómputo),[10] que inauguraban formalmente así la relación analógica entre la inteligencia no artificial y la inteligencia artificial. De ahí surgieron diferentes definiciones que sirven para entender el proyecto general de la inteligencia artificial:[11] *1.* "El nuevo y excitante esfuerzo de hacer que los computadores piensen […] máquinas con mentes, en el más amplio sentido literal" (Haugeland). *2.* "[La automatización de] actividades que vinculamos con procesos de pensamiento humano, actividades como la toma de decisiones, resolución de problemas, aprendizaje" (Bellman). *3.* "El estudio de las facultades mentales mediante el uso de modelos computacionales" (Charniak y McDermott). *4.* "El estudio de los cálculos que hacen posible percibir, razonar y actuar" (Winston 1992). *5.* "El arte de desarrollar máquinas con capacidad para realizar funciones que cuando son realizadas por personas requieren de inteligencia" (Kurzweil). *6.* "El estudio de cómo lograr que los computadores realicen tareas que, por el momento,

---

[8] Theodore G. Birdsall, The human use of information-III: Decision-making in signal detection and recognition situations involving multiple alternatives, en *Transactions on information theory,* Vol. 2, pp. 138-165 en https://dblp.org/db/journals/tit/tit2n.html (16/09/2022).

[9] M. Minsky, Steps toward artificial intelligence, *Proceedings of the IRE, 49,* 1961, 8-29.

[10] A. Newell y H. A. Simon, *Human Problem Solving,* Nueva Jersey: Prentice-Hall, 1972.

[11] Estas definiciones han sido tomadas de: Stuart J. Russell y Peter Norving, *Inteligencia Artificial. Un enfoque moderno,* 2a. ed., Madrid: Pearson Educación, 2004, p. 2.

los humanos hacen mejor" (Rich y Knight). *7.* "Es el estudio del diseño de agentes inteligentes" (Poole). *8.* "La IA está relacionada con conductas inteligentes en artefactos" (Nilsson). Estas definiciones deben servir para comprender las dos categorías que vinculan al computador con el humano, a saber: pensamiento y comportamiento. Dicho de otro modo, en todas estas definiciones se enuncia que en los estudios de IA se busca o bien que el computador *piense* como humano, o bien que se *comporte* como humano.

En síntesis, la IA es un proyecto, esfuerzo conjunto o dominio del saber humano que, como fruto de emparentar análogamente la mente humana con los sistemas de cómputo, pretende lograr que las computadoras simulen, realicen, repliquen, adquieran, desarrollen o efectúen procesos propios del ser humano y su actividad inteligente. Entonces es necesario comprender ahora qué es la inteligencia en este contexto.

6.2. Inteligencia artificial y aprendizaje automático

A la capacidad de aprender de las máquinas se le ha denominado aprendizaje automático o *machine learning* (ML, por sus siglas en inglés). Esta facultad es la más propiamente distintiva de un sistema de inteligencia artificial. Otros dispositivos poseen capacidades propias de los seres humanos como la capacidad de cálculo (cómputo), o capacidad de memoria, pero lo que distingue propiamente a la IA es la capacidad de aprender. ML es un conjunto de instrucciones (técnicas) mediante las cuales un algoritmo, que tiene que realizar una tarea, logra modificar sus propias operaciones con base en datos que ha adquirido de operaciones pasadas. Hay diversos tipos de ML. Aquí explicaremos los principales tipos, de modo meramente discursivo, con la intención de formar una idea introductoria y general sobre el funcionamiento de éstos:

I. Aprendizaje supervisado: para lograr este tipo de aprendizaje es necesario que a un sistema se le envíen grandes cúmulos de datos (denominados datos "etiquetados") los cuales el computador puede procesar por instrucciones previas (este proceso es denominado "entrenamiento") para que, posteriormente, sirviéndose de estos datos, pueda solucionar problemas relativos a datos nuevos que no estaban en su base como tal.

II. Aprendizaje no-supervisado: para lograr este tipo de aprendizaje a un sistema se le envían grandes cúmulos de información de diferentes tipos y lo que hace la IA es clasificarlos por ciertos rasgos que puedan ser entendidos como similitudes. Su principal aprendizaje consiste en aprender a agrupar datos por detección de caracteres similares definiendo así "distancias" entre datos.

III. Aprendizaje semisupervisado: consiste en que a un sistema se le entrene con una cantidad limitada de "datos etiquetados" para que, posteriormente, el sistema comience a clasificar por sí mismo sus propios datos (según el esquema no-supervisado) para después usarlos en la solución de problemas concretos.

IV. Aprendizaje por refuerzo: este tipo de aprendizaje se adquiere por prueba y error por parte del sistema. Cuando el sistema soluciona bien un problema se le da una señal positiva (recompensa) lo que le permite saber que ese método específico debe usarlo con mayor probabilidad en situaciones posteriores; mientras que si el sistema falla se le da una señal negativa que disminuirá la probabilidad de usar dicho proceso en situaciones posteriores.

6.3. Límites de la analogía entre inteligencia artificial y no artificial

El principal argumento en favor del parentesco entre la IA y la inteligencia no artificial consiste en afirmar una correspondencia biunívoca entre el cálculo lógico realizado por el cerebro humano mientras realiza un cierto comportamiento inteligente y el software, entendido como el cálculo formal con base en símbolos, que se ejecuta en un ordenador.[12] Pero esta afirmación no es del todo certera. Un computador sólo puede realizar cálculos con lógica extensional[13] puramente formal y se muestra insuficiente para abordar contenidos en una lógica intensional.[14] A esta refutación inicial se suman dos más: los cálculos de una computadora son insuficientes para explicar el fenómeno mental propio del humano que consiste en juzgar desde su dimensión semántica (no puede juzgar sobre la verdad de las ideas mismas y procesos que produce) y resulta imposible computar consistentemente la propiedad socrática de la mente según la cual la mente humana puede "saber que no sabe". Estas dos últimas limitaciones se fundan en los teoremas de incompletitud de Gödel (que

---

[12] Para profundizar en esta tesis véase: Alan Turing, Computing machinery and intelligence, *Mind*, 59, 1950, pp. 433-460.

[13] Por extensional se entiende, a grandes rasgos, todo lenguaje lógico que se rige por el axioma de extensionalidad (A≡B → A=B) y por el axioma de generalización existencial. El primer axioma afirma que si dos clases son equivalentes (A≡B) entonces esas clases son idénticas (A=B). Es decir, si dos colecciones propias de dos predicados diversos contienen todos y sólo los mismos elementos, de tal manera que sus extensiones son equivalentes, entonces ambas colecciones son la misma colección (se afirma su identidad). El segundo axioma, el de generalización existencial, afirma que si un individuo satisface un predicado, entonces es lícito afirmar que existe un genérico "x" que satisface ese mismo predicado. Estos axiomas limitan las instrucciones lógicas posibles a meras instrucciones sintácticas. Se les opone una lógica intensional en la que dichos axiomas no son válidos, y por ello la lógica intensional (al implicar contenidos semánticos y ser semánticamente abierta) no es útil para generar instrucciones lógicas en una IA.

[14] Cf. Searle, Mind, brains and programs. A debate in artificial intelligence, en *The behavioral and brain science* Vol. 3, 1980, pp. 128-135; Searle, *Internationality. An essay in the philosophy of mind*, Nueva York: Columbia University Press, 1983.

demuestran que un sistema formal consistente es necesariamente incompleto y un sistema completo es necesariamente inconsistente). Si bien una computadora puede simular cálculos propios de un entendimiento humano, no puede decidir nunca sobre sus propios cálculos. No puede, por ejemplo, concluir por medio de un cálculo que un enunciado de ese mismo cálculo es falso; a esto se le denomina en filosofía "saber que no sabe". En síntesis, una máquina no puede realizar la acción de "tomar distancia" para "juzgar desde fuera" la verdad, falsedad, corrección o incorrección de la tarea que esté realizando:

> Pero el comienzo de la inteligencia humana está precisamente aquí: la inteligencia humana es capaz de corregirse, progresar, desarrollarse, a diferencia de la inteligencia animal, precisamente por esta capacidad de darse cuenta de los propios errores. La incapacidad del cálculo formal para decidir sobre la propia falsedad depende de los teoremas de incompletitud de Gödel respecto a la aritmética axiomatizada y en particular del segundo teorema de incompletitud que excluye que la aritmética formal pueda ser metalenguaje de sí misma.[15]

6.4. Distinción de la inteligencia no artificial

Lo propio de la inteligencia no artificial, es decir, de la inteligencia humana, es generar ideas universales mediante la abstracción de los datos otorgados por la percepción sensible. Posteriormente la inteligencia no artificial comprende, define y redefine estas ideas. Para caracterizar este proceso nos servimos de la distinción tomista entre

---

[15] Gianfranco Basti, *De la física de la información al conocimiento y libertad de la persona*, pp. 140-141.

entendimiento agente (encargado de la producción de conceptos universales a partir de los datos abstraídos) y entendimiento posible (encargado de recibir los datos, comprenderlos y, por su actualización, formular juicios), ambos como parte de un único intelecto.[16]

La función de la operación intelectiva es doble. Tras haber entrado en contacto con lo real sus funciones son *1. Abstraer* la diferencia específica del objeto conocido para relacionarse con ella en sí misma independientemente de los conocimientos previos (detectar lo propio del objeto como "iluminándolo");[17] este "abstraer la diferencia específica" permite la comprensión de lo distintivo del objeto y con ello la generación de un conocimiento universal;[18] *2. Determinar* un significado propio del objeto conocido a partir de la diferencia específica abstraída. Se trata de la elaboración de un juicio que se sirva del universal generado y lo use como predicado. El acto del entendimiento consiste en generar un concepto universal aplicable a los individuos posteriormente como predicado (formulación de juicios) que busque definir (reconocimiento de la esencia) al objeto. El entendimiento posible debe entenderse como la capacidad que posee el hombre de comprender siempre de modo parcial, plástico y adecuativo. La formulación del juicio es la expresión del saber que hemos comprendido. Consiste en volver a aplicar la esencia aprehendida para cotejar, después, si efectivamente lo que conocemos concuerda con la realidad. Si la respuesta es negativa resulta necesario un nuevo proceso abstractivo partiendo de nuevas diferencias con miras a una mejor adecuación. Este proceso puede darse indefinidamente.

---

[16] Gracias a la capacidad intelectiva el humano es capaz de prescindir de los condicionamientos propios de su experiencia pasada, de su contexto, de su emotividad y de todo dato conservado por su memoria. Por esta capacidad cada hombre es responsable de adecuarse al ser del objeto o de la situación por sus propias capacidades. Esto lo vuelve irreductiblemente libre, responsable e irreductiblemente digno. Cf. Gianfranco Basti, *Filosofía del hombre*, p. 234.

[17] Tomás de Aquino, *Suma teológica*, II-II, 174, 3 ad 1.

[18] *Idem.*

Para comprender todo lo dicho me permito reproducir aquí un ejemplo utilizado por Gianfranco Basti que goza de increíble claridad.[19] Imaginemos que un sujeto que ha pasado toda su vida en el desierto (un beduino) conoce por primera vez un objeto nuevo: la nieve blanca. El beduino no tiene la experiencia ni de la nieve ni del hielo. Sobre la nieve blanca sólo tiene dos conocimientos base: respecto a *la nieve*, el agua, y respecto a *lo blanco*, la clara del huevo. ¿Es posible que el beduino llegue a una definición verdadera de que "la nieve es blanca"? Si este hombre del desierto únicamente conociera por medio de los sentidos y la memoria, sólo conocería por sus experiencias pasadas emotivamente valoradas (como una IA). Su conclusión sobre el nuevo objeto sería errónea, pues podría definir la nieve blanca como clara de huevo helada. Además, si el beduino se encontrara con un esquimal que nunca haya visto huevos, pero que siempre ha visto nieve, nunca podrían darse a entender. Por suerte, no sólo se conoce con los sentidos y la memoria. El humano, sea un beduino o un esquimal, tiene la capacidad de adecuar y readecuar su definición a los objetos con independencia de las determinaciones culturales o biológicas; esto quiere decir que busca intencionalmente la especificidad del objeto conocido. El beduino, para llegar a la formulación "la nieve es blanca", tiene que definir primero el sujeto "nieve" abstrayendo de dicho objeto su diferencia específica, como lo sería el ser "helada". Esta diferencia específica, al ser abstraída de otros conocimientos precedentes, le permitirá especificar el género ya poseído "agua". Del mismo modo debe abstraer el carácter "blanco", ampliando así su conocimiento del "blanco" que provenía del huevo y aplicarlo ahora también a la nieve. Logrará formular así que la nieve (que es agua helada) es blanca (como el huevo). Finalmente deberá tomar distancia de dicho proceso para juzgar la adecuación de su definición. El proceso de abstracción de las diferencias específicas para elaborar la definición adecuada podrá realizarlo las veces que sean necesarias

---

[19] El ejemplo ha sido tomado de Gianfranco Basti, *Filosofía del hombre*, pp. 240, 242.

de modo indefinido hasta llegar a la definición más verdadera (más adecuada a lo real).

6.5. Adaptabilidad de la inteligencia humana

Debemos recalcar que la inteligencia no artificial funciona por adecuación a la realidad conocida. El estímulo sensible pone en acto el proceso del conocimiento. Esto se refleja en la forma en que la facultad se adapta a la operación realizada por esa misma facultad y cómo ambas a su vez se adaptan al objeto conocido. Para comprender esto podemos pensar por analogía en el funcionamiento del ojo: el ojo posee la facultad de ver, esta facultad realiza la operación de la vista en relación siempre con un objeto visible. Si no hay un objeto que ver, simplemente no hay vista y, por lo tanto, no hay facultad de ver en el ojo. Si el objeto visible es opaco y oscuro, el ojo se modifica dentro de un margen específico para lograr ejecutar su operación lo mejor posible; esta adaptación por tiempos prolongados puede incluso modificar al órgano en sí. Lo mismo si el objeto es muy luminoso. Este proceso de adaptación se debe a la correlación necesaria entre objeto visible-operación-facultad-órgano; se trata de un acontecimiento progresivo, de ahí que, ante un cambio brusco en la luminosidad del objeto visible, el ojo no pueda adaptarse inmediatamente y perdamos la visión por un tiempo parcial.[20]

---

[20] "La percepción consiste […] en una asimilación *activa* de la operación del órgano sensitivo O a las diferencias entre los diversos estímulos S en una sucesión, de tal manera que se dé una *proporcionalidad* entre las variaciones de una sucesión temporal limitada de estímulos ($\Delta S_i = S_i - S_{i-1}$) y las variaciones de la sucesión temporal de estados internos del órgano sensitivo ($\Delta O_i = O_i - O_{i-1}$). La percepción se da cuando la relación entre las variaciones de la

La adaptación de la inteligencia humana funciona de modo análogo a la adaptación del ojo. No obstante, dicha adaptación de la facultad a su operación y de ésta a su objeto, en el caso del intelecto, no se limita a un dominio (como la vista que se limita a un espectro visible) sino que se adapta y readapta indefinidamente. El intelecto humano puede "expandirse" o "contraerse" en función de la dificultad o facilidad de las operaciones que se le exigen.

6.6. Riesgos para la inteligencia humana frente a la IA

Continuando con la analogía entre la vista y el intelecto, debemos considerar que, si cerramos los ojos por un largo periodo de tiempo, entonces nuestra vista se adaptará a tal circunstancia; esta adaptación, si se prolonga el tiempo suficiente, puede resultar en una pérdida parcial de la vista y requerir un proceso de rehabilitación posterior para recuperar tal facultad. El intelecto funciona de este modo. Si dejamos de ejercitar nuestra facultad intelectual, ésta no permanece intacta, sino que se reduce a las operaciones para las que se utiliza. Si las operaciones que se le piden son demasiado sencillas y burdas, el intelecto se adapta y, posteriormente, le resulta más difícil ejecutar operaciones complejas.

Nuestra relación con los dispositivos inteligentes provoca esa reducción. Los dispositivos digitales "hacen la vida más fácil". Dicha facilidad se traduce en una menor exigencia para nuestras facultades

---

estimulación y las variaciones de la *acción inmanente* de asimilación en el órgano se hace *constante*, esto es:

$\Delta O / \Delta S_i = const$, esto es $\Delta O_i \propto \Delta S_i = O_i : O_{i-1} = S_i : S_{i-1}$

donde i es un índice de la sucesión temporal y $\propto$ es el signo que indica proporcionalidad (=identidad de relaciones entre diversos). Cf. Gianfranco Basti, *Filosofía del hombre*, p. 210.

intelectuales y, dada su adaptabilidad, esta facilidad se traduce en que dejamos de realizar operaciones complejas y nuestras facultades se ven reducidas. Esto es más evidente cuando la cognición se encuentra en etapas de desarrollo temprano, como la niñez, la pubertad y la adolescencia. En estas fases de la vida el sesgo en el desarrollo de las capacidades se vuelve más pronunciado.[21] No es una predicción, sino una constatación. Podemos verificar esta advertencia en hechos como los siguientes: aquellos que utilizan más la calculadora para operaciones simples son menos capaces de realizar operaciones mentales, aquellos que se dejan llevar por las sugerencias musicales en las plataformas digitales luego tienen problemas para elegir qué canción escuchar, aquellos que utilizan el autocorrector ortográfico son a quienes más les cuesta escribir bien. Estos ejemplos de consecuencias constatables son ínfimos debido a que las operaciones que los dispositivos tecnológicos hacen por nosotros no son plenamente invasivas. No obstante, la IA es cada vez más capaz de "facilitar la vida a los humanos". Ahora es posible que la IA haga por el humano actividades como escribir un ensayo, realizar una investigación, responder un mensaje informativo, interactuar con otras personas fingiendo respuestas que bien podría dar un ser humano, conducir un automóvil, componer obras musicales, crear una imagen artística, escribir poemas, vincular personas que son compatibles para relaciones amorosas, entre

---

[21] Según el estudio "Digital 2021: Global Overview Report" de Hootsuite y We Are Social, en promedio, en México, el tiempo que la gente pasa en línea ha aumentado significativamente en los últimos años. Según Digital: México, de We Are Social, el promedio de horas que la gente pasa en línea ha aumentado de 8 horas y 12 minutos al día en 2015 a 9 horas y 22 minutos en 2022. Además, el 92% de los encuestados dijo que usa internet todos los días. En términos de la distribución por edad, los usuarios más jóvenes pasan más tiempo en línea que los usuarios mayores. Por ejemplo, los usuarios de entre 16 y 24 años pasan un promedio de 10 horas y 48 minutos en línea, mientras que los usuarios de entre 55 y 64 años pasan sólo 5 horas y 24 minutos en línea. Si los usuarios más jóvenes son los que más tiempo pasan en línea y son, a su vez, los más afectados operacionalmente, estamos ante un bucle retroductivo donde el joven pasa tiempo en el dispositivo mientras el dispositivo estimula al joven a que pase aún más tiempo ahí; dicho de otro modo, el tiempo que pasa con el dispositivo inteligente es directamente proporcional a la dependencia estructural que genera para con el mismo dispositivo y, por ello, al aumento de tiempo que pasará en el futuro inmediato.

otras. Debemos tener presente que el riesgo no es que la inteligencia artificial llegará algún día a ser lo mismo que la inteligencia humana, sino que la inteligencia humana se verá reducida a una inteligencia artificial al ver entorpecidas sus facultades debido a su falta de operatividad. La pregunta es, por lo tanto, ¿estamos dispuestos a sesgar parcialmente nuestra capacidad de efectuar tales operaciones?

6.7. Conclusión

A modo de conclusión retomo las preguntas introductorias que han dirigido la argumentación hasta ahora y resumo: la IA es un proyecto, esfuerzo conjunto o dominio del saber humano que, como fruto de emparentar análogamente la mente humana con los sistemas de cómputo, pretende lograr que las computadoras simulen, realicen, repliquen, adquieran, desarrollen y efectúen procesos propios del ser humano y su actividad inteligente. Ahora bien, una computadora puede simular cálculos propios de un entendimiento humano, pero no puede decidir nunca sobre sus propios cálculos. No puede, por ejemplo, concluir por medio de un cálculo que un enunciado de ese mismo cálculo es falso; a esto se le denomina en filosofía "saber que no sabe". Una máquina no puede realizar la acción de "tomar distancia" para "juzgar desde fuera" sobre la verdad, falsedad, corrección o incorrección de la tarea que está realizando. Finalmente, la IA se caracteriza por el uso meramente *sintáctico* de las instrucciones lógicas, mientras que la inteligencia no artificial tiene la capacidad de juzgar *semánticamente* los contenidos de sus propias operaciones para corregirse a sí misma de modo indefinido, todo con miras a la verdad o falsedad de sus propios juicios. ¿Qué es lo propio de la inteligencia humana? La capacidad de *volver sobre sí misma,* corregir sus juicios sobre la realidad, modificarlos por medio de un proceso de abstracción y adecuar su conocimiento a la realidad. En otras palabras, la inteligencia humana es capaz de conocer lo verdadero. ¿Y hace lo mismo la inteligencia artificial? Vemos que no, pero eso no quiere decir que no existan riesgos para la inteligencia humana. Dada la naturaleza adaptativa del intelecto humano, existe el riesgo de sesgar, reducir o limitar la inteligencia humana al dejar de efectuar ciertas operaciones que ahora puede realizar la IA. La inteligencia artificial nunca será inteligencia humana, el riesgo no es ése, pero la inteligencia humana puede reducirse a algo muy similar a una inteligencia artificial al ver entorpecidas sus facultades debido a su falta de operatividad.

7. Redimiendo la tecnología desde el pensamiento cristiano

Alejandro Terán Somohano

En pocas palabras

Existe la idea de que los avances tecnológicos representan el progreso de la humanidad sin más. Las catástrofes humanitarias y el aumento del poder destructivo que atestiguamos en el siglo xx parecen contradecir esta creencia. En las primeras décadas del siglo xxi las enfermedades mentales y la falta de sentido existencial hacen que nos preguntemos si el progreso tecnológico significa una mejora de la vida de las personas en general. La búsqueda de una respuesta a nuestra situación debe comenzar por preguntarnos de qué manera nos moldea la tecnología, es decir, ¿es la tecnología algo neutral o más bien se trata de una forma de ver el mundo que nos afecta en todas las dimensiones. ¿Es posible que la tecnología transforme nuestro cuerpo, nuestra mente y nuestra alma? El pensamiento de Heidegger, Ratzinger, Hanby y Pablo VI nos ayuda a arrojar un poco de luz en este panorama tan oscuro.

La tecnología, más que los dispositivos y técnicas posibilitados por la ciencia moderna y aplicados al quehacer humano, es, según el filósofo alemán Martin Heidegger, un modo de revelación, una forma de ver el mundo. Como tal conlleva una ontología y una epistemología propias. La tecnología es un paradigma, por lo que no es algo neutral. El papa Francisco lo ha denominado el "paradigma tecnocrático" y lo describe como "un modo de entender la vida y la acción humana que se ha desviado y que contradice la realidad hasta dañarla" (*Laudato Si,* 101). El impacto de la tecnología no se limita a los efectos que los dispositivos y métodos técnicos producen sobre el ser humano, la familia y la sociedad. Es algo más profundo, más radical en el sentido etimológico de la palabra, pues va a la raíz de cómo percibimos y vivimos en el mundo. En este artículo exploraremos en qué consiste dicha forma de ver las cosas según Martin Heidegger. La complementaremos con una crítica de la tecnología que Joseph Ratzinger esboza en una serie de homilías y charlas sobre la Creación. De ahí pasaremos a explorar cómo es que esta visión tecnológica ha alterado la forma en que los seres humanos se entienden a sí mismos, en particular en relación con el cuerpo; aquí seguiremos de cerca el pensamiento de Michael Hanby, teólogo norteamericano que ha sugerido convincentemente que la revolución sexual es en realidad la revolución tecnológica dirigida ya no a las cosas, sino a nosotros mismos. Después analizaremos las advertencias de Pablo VI en su encíclica *Humanae Vitae* sobre los peligros que entraña la visión tecnológica para la vida sexual y familiar. Concluiremos con la discusión de un posible camino para *redimir* la tecnología, algo que no sólo es posible, sino que tenemos por lo menos un ejemplo tangible de ello.

7.1. Cegados por la tecnología: el paradigma moderno

En *La pregunta por la técnica*,[1] Martin Heidegger se propone cuestionar la esencia de la tecnología, pues considera que no podemos relacionarnos libremente con ella si no estamos conscientes de lo que es. Heidegger parte de una definición comúnmente aceptada, según la cual la tecnología no es más que un instrumento, una actividad humana que propone ciertos fines y los medios para alcanzarlos. El problema de la tecnología se reduce, visto así, a cómo manipularla de la mejor manera, a cómo *controlarla*. Esta definición, dice Heidegger, es correcta, pero lo correcto no es aún lo verdadero. Es necesario, por lo tanto, ir más allá de esta definición.

Heidegger nos dice que donde reina la instrumentalidad, reina la causalidad, que para los griegos era algo más que simplemente "producir un resultado". Para los griegos las causas son las responsables de que algo se haga presente, de que pase de la no presencia a la presencia, es un desvelamiento de lo que está oculto. En otras palabras, la causalidad es una forma de revelación que los griegos llamaban *aletheia,* los romanos *veritas,* en español: verdad. Esta causalidad ocurre, según los griegos, de dos modos: en la *physis* (naturaleza) la revelación brota del interior de las cosas (como la flor al florecer, dice Heidegger), y en la *poiesis,* donde la revelación brota del artesano que hace presentes posibilidades que las cosas no podrían hacer presentes por sí mismas, como el carpintero revela de lo que es capaz la madera. La palabra "tecnología" deriva del griego *techne,* con el que se denotaba toda clase de quehaceres humanos, desde la producción artesanal hasta la actividad intelectual. Y así, *techne* estaba emparentada con *poiesis,* pero con un énfasis en su relación con *episteme:* conocimiento. De ahí proviene la relación entre tecnología y

---

[1]   Martin Heidegger, *La pregunta por la técnica (y otros textos),* España: Folio, 2007.

ciencia moderna. Pero esta relación no constituye, para Heidegger, la esencia de la tecnología. Más bien lo lleva a preguntarse: ¿en qué consiste su esencia, que incluso se atreve a poner a la ciencia a su servicio? ¿No es esto una inversión del orden clásico según el cual la razón práctica está subordinada a la razón teórica? Heidegger concluye que la tecnología moderna es algo fundamentalmente distinto de la tecnología antigua, a la cual nos referiremos simplemente como *techne.*

Si toda causalidad es revelación, la tecnología moderna también lo es, pero ya no en el sentido de *poiesis,* como lo era la *techne.* La revelación tecnológica moderna es una exigencia que se hace a la naturaleza de que brinde energía que pueda ser almacenada como tal. Este "desafío" a la naturaleza ocurre cuando la energía oculta en la naturaleza es descubierta, almacenada, distribuida y transformada sin cesar. Cada uno de estos pasos es una forma de revelación: el campo al que se desafía extrayendo carbón se revela como distrito minero, la tierra como yacimiento carbonífero, etc. Vemos así, aunque Heidegger no lo dice explícitamente, que la tecnología moderna hace violencia a la naturaleza. Lo que nos revela la tecnología moderna es que todo está a disposición del hombre, listo para responder a un ordenamiento ulterior. A este permanecer disponible Heidegger le llama "reserva a la mano". Y para Heidegger esto significa que las cosas ya no se nos presentan como objetos, sino como mera *posibilidad* de algo más. Esta reducción ocurre en el plano ontológico. El avión ya no se concibe como tal, sino como certeza de la posibilidad de transporte. Los objetos pierden su dignidad, su *actualidad* (en el sentido aristotélico de la palabra) y se convierten en mera potencia. Aquí podemos ir más allá de lo que dice Heidegger y señalar que esta revelación nos impide descubrir la bondad de las cosas en sí mismas: su existencia se reduce a su utilidad. Esta revelación reduccionista implica, en primer lugar, a la naturaleza, pues se le concibe como el principal almacén de energía. Incluso la física, en cuanto ciencia exacta, ya es para Heidegger tecnológica, pues entiende a la naturaleza como un conjunto calculable de fuerzas, como algo que podemos ordenar y poner en estado de reserva, como algo que podemos controlar.

Para Heidegger, además, toda forma de revelación es un *destinar;* nos pone en un camino que tiene, por así decirlo, su propia lógica y su propio punto de llegada. Es precisamente cuando descubrimos que la tecnología es un tipo de revelación y que por ello nos encamina de cierta manera que podemos relacionarnos libremente con ella. Pero en este destinar reside también su peligro. Siempre existe la posibilidad de que la forma en que las cosas se hacen presentes (en que son reveladas), nos lleve a malinterpretar la naturaleza de aquello que permanece velado. Si todo se nos *revela* como reserva a la mano, fácilmente podemos caer en el error de suponer que todo *es* reserva a la mano. El peligro supremo es que el hombre se vea a sí mismo como reserva a la mano, creyéndose amo y señor de todo cuanto existe (en cuanto ordenador de lo que está a su disposición), y, a la vez, como parte de aquello que puede ser ordenado. Y eso no es todo. La forma de revelación tecnológica suprime toda otra forma de revelación, en particular a la *poiesis.* Y peor aún, oscurece incluso la revelación misma, es decir, el lugar donde ocurre la verdad. Bloquea el resplandor que ilumina las cosas (la belleza, según san Alberto Magno) y con ello bloquea la visión de la verdad misma. El peligro primordial que se esconde en esta visión tecnológica y reductiva del mundo no es que algún día se produzcan máquinas tan poderosas que acaben por exterminarnos (o máquinas "inteligentes" que nos puedan sustituir), sino que el hombre ya no sea capaz de *entrar* en una revelación fundamental de la vida, que no pueda *experimentar* la verdad.

Este peligro es ya una realidad que ha afectado al hombre en su esencia. Pero es en medio de este peligro, dice Heidegger citando al poeta Hölderlin, que encontraremos la salvación. Heidegger insiste en que todo destinar revelado tiene su origen en la confianza, es un confiar que nos es otorgado *(es dado).* Al hombre le es encomendada la tarea de participar en el advenimiento de la verdad. El confiar que pone al hombre en el camino de la revelación es el poder salvífico y es salvífico porque le permite al hombre ver y entrar en su dignidad más elevada, que consiste precisamente en custodiar la revelación de todo lo que se hace presente en la tierra. Heidegger dice que todo depende de que estemos atentos a lo que se hace presente en la tecnología, en vez de permanecer anonadados ante ella. Mientras sigamos viendo la tecnología como mero instrumento, estaremos obsesionados con controlarla y olvidaremos su esencia. Si, en cambio, reflexionamos sobre su esencia y descubrimos que es una forma de revelación entre muchas otras, entonces también entendemos que al hombre le ha sido dado la tarea de resguardar la esencia de la verdad.

Finalmente, Heidegger sugiere fijar la mirada en esa otra forma de revelación: la *poiesis,* a la que durante mucho tiempo también se le llamó *techne.* En la *poiesis,* la verdad que se nos revela se transfigura en lo bello. Como la esencia de la tecnología no es nada tecnológico, cualquier reflexión sobre ella, así como cualquier confrontación con ella, debe darse desde otro dominio. Así como nos hemos cuestionado por la técnica, Heidegger indica que hemos de cuestionarnos por el arte y así, teniendo ante nuestra mirada estas formas de revelación, nos mantendremos a salvo del peligro primordial, pues ambas, arte y tecnología, son estrellas en la constelación de la Verdad.

7.2. La Creación abierta a la verdad

En sus reflexiones acerca de la Creación, Joseph Ratzinger siempre ha enfatizado que para la fe cristiana el universo no es fruto de la arbitrariedad ni de la aleatoriedad, sino de la razón divina. Esto representa "el abrirse del mundo a la razón, al reconocimiento de la razonabilidad que lo caracteriza y de la libertad que ofrece".[2] La razón creativa de Dios es el fundamento sobre el que se desenvuelve la razón humana, que a su vez se ancla en la Verdad y el amor. El mundo "surge de la inteligencia, de la libertad, de la belleza que es el amor". Y Ratzinger no se refiere aquí al amor en sentido sentimentalista, sino al amor como lo define Josef Pieper: amar significa afirmar la existencia del otro, exclamar: "¡Es bueno que existas!".[3] El acto de creación divina es la afirmación más perfecta de la existencia del otro, pues al mismo tiempo que la afirma, la da. Por eso Dios, al completar su obra, "vio que todo cuanto había hecho era muy bueno" (Gen 1, 31). Decimos que las cosas son buenas por el simple hecho de existir: la bondad es una propiedad ontológica del ser.

En el relato de la Creación, Ratzinger recalca la importancia de dos números: el 10 y el 7. En 10 ocasiones se menciona que "Dios dijo" y estas 10 palabras divinas apuntan a los diez mandamientos. Ratzinger señala que con ello el autor sagrado comunica que los mandamientos son un eco de la Creación: "No son inventos arbitrarios que buscan limitar la libertad humana, sino signos que apuntan al espíritu, al lenguaje, al sentido de la Creación. Son así una traducción del lenguaje del universo, una traducción de la lógica de Dios". El 7, por su parte, refleja el hecho de que la existencia del ser humano sigue los ritmos propios del universo y que vivimos bien cuando descubrimos la razón inherente en la Creación, pues su ritmo es una expresión del ritmo del amor de Dios. Por otro lado, el 7 también nos indica que la Creación está ordenada al culto divino, pues la creación culmina en el séptimo día, el sábado: "La Creación alcanza su plenitud, sirve su propósito, cuando es, por así decirlo, una casa para la

---

[2]   Joseph Ratzinger, *"In the Beginning…" A Catholic Understanding of the Story of Creation and the Fall,* Grand Rapids: William B. Eerdmans Publishing Company, 1995. (Traducciones hechas por el autor de este artículo.)

[3]   Josef Pieper, *Faith. Hope. Love,* San Francisco: Ignatius Press, 2012.

adoración. La Creación existe para el sábado, existe para la alianza y existe para el culto".[4]

Vemos así que la doctrina de la Creación implica una creencia en la bondad de todo lo creado, una bondad que no depende de la utilidad de las cosas hacia nosotros. Todo está ordenado al culto divino, a algo más que la mera actividad humana. Quizá es más correcto decir que la utilidad (el *bonum utile,* de santo Tomás) es un excedente de la bondad propia de las cosas. Esta creencia también implica que el orden natural tiene implícito un orden moral, como lo indica la conexión entre la Creación y los 10 mandamientos. Por lo tanto, el ser humano no puede hacer lo que quiera con la Creación; su dominio sobre ella no es un dominio absoluto y tiránico. "El mandato dado al hombre por su Creador lo llama a habitar en el mundo como creación de Dios, viviendo de acuerdo con el ritmo y lógica de la Creación". Esto lo expresa la Biblia con la imagen del jardín del Edén, en el que Dios coloca al hombre para que lo *cultive y lo cuide* (Gen 2, 15). Esto simboliza que el hombre, mediante su trabajo y creatividad, debe hacer de la Creación "todo lo que es capaz de, y está llamada a ser". Para Ratzinger la fe en la doctrina de la Creación amplía el horizonte de la razón humana, pues le permite confiar en que el mundo es racional y no arbitrario.

El problema es que en la época moderna la razón se ha visto reducida a la razón técnico-científica. Sólo se considera racional lo que es científicamente verificable, medible y cuantificable. ¿Y de dónde proviene esta reducción de la razón? Ratzinger dice que de un cambio en la forma de ver el mundo, según la cual la realidad ya no es fruto de la creación, sino resultado de la combinación de aleatoriedad y necesidad, y como el actuar de Dios ya no está presente, lo único que queda es el quehacer del hombre. El ser del hombre ya no se reconoce como algo recibido, algo dado, sino como algo por crearse y para

---

[4]   Joseph Ratzinger, *The Divine Project. Reflections on Creation and the Church,* San Francisco: Ignatius Press, 2022.

ser manipulado. Este reduccionismo elimina la idea de cualquier criterio moral intrínseco a la naturaleza: la dimensión moral se vuelve irracional, por lo que puede hacerse a un lado. Pero si es la dimensión moral de la Creación la que dicta lo que está permitido al hombre, rechazarla implica que el ser humano puede hacer simplemente todo lo que sea capaz de hacer. El único límite es el límite de su capacidad, que además es un límite que siempre se intenta superar. Donde el bien y el mal no son el criterio limitante, el poder se vuelve la única realidad que importa y el *ser* del hombre se reduce al *hacer*. El reduccionismo cientificista niega que el ser precede a nuestra existencia, a nuestras decisiones, niega que la existencia nos ha sido dada y nos define de cierta manera. Y aquí reside un gran peligro.

La única razón por la que la dignidad del ser humano es inviolable es porque el ser humano no es producto de la aleatoriedad (una serie de errores en la transcripción de genes), sino un proyecto divino, alguien cuya existencia misma ha sido deseada, afirmada y dada por Dios. Cuando esta idea se deja de lado, se vuelve normal clasificar a los seres humanos según su utilidad. Y este peligro es especialmente pertinente en una época tecnológica como la nuestra, pues la tecnología "piensa, *per se*, en términos de lo que es utilizable, cuantificable, lo que sirve un propósito útil". Encontramos aquí una coincidencia entre Ratzinger y Heidegger, pues el gran peligro para ambos consiste en que el ser humano reduzca el alcance de la razón y se convierta a sí mismo en objeto para ser manipulado tecnológicamente. Para Heidegger, como mencionamos anteriormente, la salvación consiste en complementar la razón técnico-científica con la razón artística. Pero Ratzinger nos dice que la tentación de prescindir de todo límite tiene su variante estética: el arte también puede intentar prescindir de todo criterio moral. Por lo tanto, el arte y la belleza por sí solos no son suficientes para restaurar la plenitud de la razón. Para Ratzinger la respuesta está en que el hombre acepte su carácter de creatura y reconozca que existe un criterio de bien y mal que él no establece. Este criterio traza los límites a su actuar.

Si olvidamos que las cosas son buenas en sí mismas (independientemente de su utilidad) porque han sido creadas por Dios, resulta imposible redimir la creatividad humana al modo de la *poiesis,* pues *poiesis* consiste en desarrollar las posibilidades intrínsecas de las cosas, en ayudar a que alcancen su plenitud. Lo más grave es que si el hombre no se reconoce a sí mismo como creatura, niega rotundamente la verdad: en primer lugar, la verdad acerca de sí mismo, con lo que aspira neciamente a ser igual a Dios; en segundo lugar, la verdad respecto a todo lo demás, pues si el hombre se cree Dios, creerá que todo cuanto existe está a su disposición, que todo, por usar el término de Heidegger, es reserva a la mano. Entonces todo se le presentará al hombre como simulacro, como falso; la verdad de las cosas se le ocultará tenazmente. La realidad degenera así en realidad virtual.

7.3. Revolución sexual y los límites de la naturaleza

Tanto para Heidegger como para Ratzinger el gran peligro de nuestra época es que la visión tecnológica reduccionista se aplique al ser humano mismo. Para Michael Hanby, teólogo estadounidense, esto es precisamente lo que ocurre con la revolución sexual: "La revolución sexual, por ejemplo, es más fundamentalmente la revolución tecnológica aplicada hacia nosotros mismos, no sólo en el sentido profundo de que el dualismo canónico de sexo y género presupone un dualismo más básico entre la parte afectiva, usualmente considerada el núcleo de la identidad personal, y el cuerpo material, carente de significado, considerado un tipo de artefacto, pero también en el sentido más mundano de que la conquista técnica de la biología humana es la condición práctica de su posibilidad".[5] Tanto Heidegger como Ratzinger habían sugerido que la tecnología posee esa doble dimensión: la ontológica, según la cual la realidad misma es algo diferente de lo que la humanidad siempre ha sostenido: (para Heidegger) la naturaleza como conjunto calculable de fuerzas (para Ratzinger) la creación como combinación de procesos aleatorios y necesarios sin significado o sentido alguno), y la epistemológica, que es la forma en la que vemos y nos movemos en esa realidad. En otras palabras, a la ontología tecnológica le corresponde una epistemología tecnológica. Según Heidegger, la ciencia moderna es en su esencia tecnológica, lo que implica una prioridad de la praxis respecto a la teoría (una inversión de la noción clásica), una inversión que Ratzinger caracteriza como la sustitución del *ser* por el *hacer* debido a la reducción de lo racional a lo meramente cuantificable, verificable y controlable.

Primero consideremos la dimensión ontológica. Hanby señala que la dualidad sexo-género presupone un dualismo aún más fundamental: la separación entre afectividad y cuerpo. En el paradigma tecnológico, la persona humana ya no es, como enseña santo Tomás, la unión entre cuerpo y alma, sino la máquina de Descartes: un "alma" que controla al cuerpo y, por lo tanto, pierde su cualidad orgánica. La realidad es que un cuerpo sin alma es un cadáver. La muerte es el momento de separación que da inicio al proceso de descomposición del cuerpo. El dualismo que señala Hanby podemos interpretarlo como una muerte en el orden ontológico, pues de esa primera separación se sigue una serie de descomposiciones. Éste es el *destinar* del que habla Heidegger: la lógica propia del proceso tecnológico que se desarrolla con el paso del tiempo. Un cuerpo que ya no es parte esencial de la persona y que no apunta a nada más allá de sí mismo es simplemente materia inerte, una masa informe a nuestra disposición: el cuerpo como reserva a la mano. Y como el cuerpo no señala a nada

---

[5]   Michael Hanby, The Gospel of Creation and the Technocratic Paradigm: Reflections on a central teaching of *Laudato Si'. Communio,* 42 (invierno, 2015), pp. 724-747.

más allá de sí mismo ni leemos en él criterios morales, hacemos con él lo que seamos capaces de hacer. Bajo esta concepción es necesario redefinir las relaciones fundamentales con la corporeidad, es decir, replantear lo que significa ser padre, madre, hijo, hermano, hombre, mujer. Y las redefiniciones continúan *ad infinitum* conforme descubrimos nuevas tecnologías y dominamos cada vez más los procesos biológicos; el cuerpo se reduce, de esta manera, a sus funciones.

Así, por ejemplo, los anticonceptivos han redefinido lo que significa el matrimonio al eliminar el aspecto dado de lo procreativo y convertirlo en mera opción. Puesto que es posible controlar la fertilidad, la paternidad es ahora una opción que se debe planificar con la ayuda de la tecnología. La fertilidad se convierte en reserva a la mano. Simultáneamente se ha tenido que redefinir lo que significa ser hijo o hija. Si el embarazo es ahora una opción, los hijos pueden ser "deseados" o "no deseados". Pero detrás de este binomio subyace otro más perverso. Recordemos que el dominio que ejercemos sobre estos procesos es, a pesar de todos los avances tecnológicos, un control limitado. ¿Qué sucede cuando estos límites trastocan nuestros deseos? ¿Qué pasa cuando la técnica falla? El niño resultante no sólo es no deseado, se convierte en un *error*. Y con el horizonte de lo humano reducido a lo tecnológico, sólo se puede recurrir a la tecnología misma para intentar corregir el error: la píldora del día siguiente, el aborto. De todos los niños a los que se les permite nacer, hay ahora una nueva subcategoría: los que le deben su existencia al fracaso del método anticonceptivo. La misma dinámica se observa si consideramos la cuestión no desde la perspectiva de la prevención del embarazo, sino desde la de su procuración.

Las tecnologías reproductivas (fecundación *in vitro*, vientres subrogados) también redefinen estas relaciones de forma perversa. Para Hanby la "reproducción tecnológica" esencialmente reconcibe al niño como un artefacto y refuta su dignidad al "negar que es su propio ser con dignidad inviolable que no puede ser manipulado o controlado, pues ha sido mediante un proceso de manipulación y control que se le dio el ser en primer lugar".[6] Al hacer de la reproducción un proceso que se puede controlar y llevar a cabo fuera de su contexto natural, la relación entre padres e hijos se ve distorsionada: "'madre' y 'padre' son simples etiquetas para funciones sociales que se pueden llevar a cabo de formas creativas nuevas". Aquí el lenguaje nos ofrece una importante indicación de la transformación ontológica que ha ocurrido: un hombre cuyo esperma engendra a un niño no es necesariamente su "padre", pues bien puede tratarse de un "donador" anónimo; una mujer que lleva un niño en su vientre no es necesariamente su "madre", pues bien puede haber "rentado" su útero. El niño ya no es necesariamente el fruto del amor de los padres; ahora es el mero "producto" de un proceso técnico.

El proceso de descomposición ontológica que acabamos de describir tiene su correlativo epistemológico. Con la separación de cuerpo y alma, la noción de persona humana, en su integridad, se vuelve incomprensible; con la reducción del cuerpo a un mecanismo, la noción de organismo en sentido pleno desaparece. El proceso de desintegración concluye con la disolución del cuerpo en un conjunto de funciones relacionadas entre sí de manera extrínseca, cuyas interrelaciones resultan inaprehensibles pues no hay nada intrínseco que las una. Hanby describe este proceso así: "Si la verdad es idéntica al control que ejerzo sobre los fenómenos de la naturaleza, y si al manipular X produzco Y, y al producir Y procedo al experimento Z, entonces no tengo que preocuparme por las preguntas de qué significa saber en general o qué significa causar algo, ni siquiera importa saber qué son X, Y y Z. Con esta visión reduccionista de la razón y la verdad resulta superfluo preguntarse qué es algo, qué son las cosas. Y precisamente gran parte de la filosofía moderna se ha dedicado a convertir el mundo en un lugar

---

[6]   Michael Hanby, "The Brave New World of Same-Sex Marriage", *The Federalist*. 19 de febrero, 2014. https://thefederalist.com/2014/02/19/the-brave-new-world-of-same-sex-marriage/.

seguro para la tecnología al intentar demostrar que tales preguntas no tienen sentido".[7]

La descomposición ontológica se manifiesta epistemológicamente en que las preguntas perennes, las más profundas, las que indagan por el significado, el sentido y el ser de las cosas ya no tienen contenido racional. Los que habitan en una sociedad ontológicamente descompuesta "serán incapaces de pensar profundamente acerca de tales preguntas, porque ya no habrá ninguna profundidad que considerar, habrán reducido la realidad a un ensamblaje de 'hechos' superficiales y el pensamiento al ordenamiento y manipulación de dichos hechos. Para tal sociedad simplemente no habrá tal cosa como una pregunta profunda, lo único que habrá son problemas en busca de una solución técnica o administrativa". El *ser* se diluye en el *hacer*, o en palabras de Hanby: "El conocimiento, efectivamente, se vuelve ingeniería".[8] La inversión de praxis y teoría que caracteriza a la revolución tecnológica ha llevado a que la práctica dicte lo que significa pensar, y, consecuentemente, lo que es verdadero o falso.

En el caso de la revolución sexual, han sido las conquistas técnicas de la biología humana las que nos han llevado a considerar algunas cosas siquiera como posibles. Hanby menciona, por ejemplo, que el matrimonio entre personas del mismo sexo ni siquiera sería imaginable si no fuera por el dominio tecnológico de los procesos reproductivos. De igual manera, no sería concebible pensar que un hombre pudiera en realidad ser una mujer si no fuera por las técnicas quirúrgicas y los tratamientos hormonales que permiten una "transición" de género. Lo que importa ya no es lo que uno *es* sino lo que podemos *hacer que sea*. Aquí se revela la grande pero tremendamente falsa promesa de la tecnología, que nos seduce con la posibilidad de someterlo todo a nuestra voluntad humana. Pero la realidad es que no tenemos poder

---

[7] Hanby, 2015, *op. cit.*

[8] Michael Hanby, "Homo Faber and/or Homo Adorans: on the place of human making in a sacramental cosmos". *Communio* 38 (verano, 2011), pp. 198-236.

absoluto sobre lo que somos por naturaleza, ni tenemos el poder de cambiar nuestra naturaleza de forma tan radical. Nuestra naturaleza nos ha sido dada y ella define los límites de lo que podemos hacer. La tecnología, entendida como forma de manipulación, no puede ir en contra de la naturaleza y la promesa engañosa de hacerlo en realidad acaba por violentarla.

7.4. Efectos de la tecnología en la sexualidad humana

Con lo dicho hasta ahora se entiende mejor cómo la revolución tecnológica, aplicada al cuerpo y a la sexualidad humana, afecta a la familia y a las personas de forma mucho más profunda que si pensamos en la tecnología simplemente como los dispositivos o los avances científicos. La tecnología ha transformado la forma en que los seres humanos se entienden a sí mismos, ha redefinido lo que significa ser humano y con ello ha alterado toda relación interpersonal, de manera especial las relaciones familiares. Este diagnóstico no es nuevo, ya san Pablo VI había identificado el carácter tecnológico de la revolución sexual como una de las razones que lo condujeron a escribir su encíclica *Humanae Vitae:* "Finalmente, y sobre todo, el hombre ha llevado a cabo progresos estupendos en el dominio y en la organización racional de las fuerzas de la naturaleza, de modo que tiende a extender ese dominio a su mismo ser global: al cuerpo, a la vida psíquica, a la vida social y hasta las leyes que regulan la transmisión de la vida" (*Humanae Vitae,* 2). Es conveniente ahondar en esta encíclica, pues en ella el Papa presenta algunas de las consecuencias de esta revolución, que ahora podemos leer a la luz de lo que venimos discutiendo. También conviene revisarla porque en ella se propone una respuesta a la revolución tecnológica en su dimensión sexual. Esa alternativa la discutiremos a mayor detalle en la siguiente sección.

Según san Pablo VI, hay varias consecuencias graves que resultarán del uso de métodos de regulación artificial de la natalidad (*Humanae Vitae*, 17): *1*. Un aumento de la infidelidad marital y una mayor degradación moral, *2*. Que el hombre termine por perderle el respeto a la mujer y "sin preocuparse más de su equilibrio físico y psicológico, llegase a considerarla como simple instrumento de goce egoísta", y *3*. Que "el sector más personal y más reservado de la intimidad conyugal" quede a merced de "autoridades públicas despreocupadas de las exigencias morales". La descomposición ontológico-epistemológica del cuerpo (que ahora se ve reducido a sus meras funciones, funciones que están a disposición del ser humano, es decir, no son otra cosa que reserva a la mano) resulta en la pérdida de la noción de que el cuerpo nos revela criterios morales. Éste es un caso particular de lo que ocurre con la reducción de la razón a lo técnico-científico: la naturaleza ya no apunta a nada más allá de sí misma.

Lo que sucede es que la sexualidad ya no se considera dominio de la moral y la ética sino de la medicina y la psicología, y se le trata como cuestión de "salud reproductiva". Ya no es, por tanto, un asunto de educación en la virtud que se imparte en la familia. La "educación sexual" pasa al dominio de las autoridades educativas y se imparte como una materia científica más. Pero lo que se requiere para la fidelidad conyugal y para la preservación de la moral es la castidad, no un conocimiento meramente técnico de las cosas. Si encima de eso se ofrecen medios tecnológicos para prevenir los "riesgos" indeseables de la actividad sexual (embarazo y enfermedades de transmisión sexual), ¿cómo no habríamos de esperar precisamente lo que predijo san Pablo VI? Con la separación de los aspectos procreativo y unitivo del matrimonio presenciamos la disolución ontológica del matrimonio; de ahí el aumento en el número de divorcios y por qué a las generaciones jóvenes ya no les interesa casarse. En la redefinición de lo que es la familia en realidad presenciamos su desintegración.

Si el cuerpo humano y la sexualidad son concebidos como reserva a la mano, es decir, como algo que está ahí simplemente para ser utilizado a voluntad y capricho, ¿no se sigue naturalmente la segunda consecuencia arriba mencionada: que los hombres les pierdan el respeto a las mujeres? Si el cuerpo es simplemente algo que existe como medio para alcanzar fines arbitrariamente determinados por los individuos, lo que resulta es que tanto hombres como mujeres se ven mutuamente cosificados y se utilizan para su propia gratificación. El que ve al otro como objeto, ¿no termina viéndose a sí mismo como mero objeto? Se introduce aquí la desconfianza en la relación entre los sexos, una desconfianza que impide la formación de relaciones duraderas y destruye el vínculo esencial para el matrimonio. Quizá sea ésta una de las causas de la crisis de salud mental que aqueja a tantas personas, especialmente a mujeres jóvenes.

La tercera consecuencia que señala san Pablo VI nos remite nuevamente al pensamiento de Ratzinger, para quien la lógica reductiva de la tecnología conduce a que el poder sea el único criterio de valor. La revolución sexual, desde sus inicios, estuvo asociada con la eugenesia y la esterilización forzada de grupos minoritarios, débiles e "indeseables".[9] Y aunque el término "eugenesia" quedó desprestigiado por su asociación con el nacionalsocialismo alemán, la práctica continúa, como lo demuestra la "eliminación" del síndrome de Down mediante el aborto selectivo en Islandia o el aborto de niñas en China y la India. Este tipo de prácticas son posibles gracias a los avances tecnológicos que permiten detectar, en el útero, posibles enfermedades o problemas genéticos. Y no es sólo el Estado el que puede abusar de su poder en el área de la tecnología reproductiva. Los altos costos de las tecnologías reproductivas hacen de éstas un negocio lucrativo que sólo está al alcance de las minorías adineradas. Junto al poder político encontramos al poder económico; y los economistas pueden ser igual de despiadados que los gobernantes ambiciosos.

---

[9]   Michael Hanby, "Technocracy and the body", *Humanum*, vol. 4, 2018, pp. 32-35.

A las graves consecuencias auguradas por san Pablo VI se le pueden agregar muchas otras, pero aquí nos limitaremos a una. La degradación del cuerpo humano, reducido a reserva a la mano, y los avances en la tecnología audiovisual, así como las tecnologías de la información y de comunicación, han permitido el acceso sin límites a la pornografía. Estas consecuencias contribuyen a la disolución de la familia y afectan a la sociedad entera. Ahora imaginemos cómo será potenciado todo ello por la inmersión descontrolada de las personas en el universo paralelo de la realidad virtual.

7.5. ¿Se puede redimir la tecnología?

La contribución de Joseph Ratzinger ofrece una respuesta más completa a los peligros de la tecnología que la de Heidegger. Dijimos arriba que la verdad no puede ser rescatada por la belleza únicamente, pues la razón humana no puede ser restaurada recurriendo solamente a la *poiesis.* Es necesario también recurrir al bien. Si los trascendentales son, como lo ha sostenido la tradición cristiana, intercambiables, la pérdida de uno implica la pérdida de todos los demás. Si queremos restaurar uno, debemos apelar a todos los demás. Si además los trascendentales son, como también lo ha sostenido la tradición clásica, propiedades del ser en cuanto tal, su recuperación ayudará a que recobremos un sentido pleno de la realidad y con ello la razón humana volverá a tener su integridad.

Una "resurrección" ontológica traerá consigo una resurrección epistemológica. El primer paso es, por lo tanto, la recuperación de la doctrina de la Creación en toda su riqueza. Dios vio que todo lo que creó era muy bueno y así *es.* Con este reconocimiento de la bondad propia de la Creación podemos ver que las cosas poseen una bondad en sí mismas que no depende de su utilidad. Las cosas no son reserva a la mano y, por tanto, tienen una dignidad que estamos llamados a respetar. En las cosas están inscritos ciertos límites de lo que podemos o no hacer con ellas. Transgredir estos límites conduce a su destrucción; respetarlos lleva a su florecimiento: la revelación en modo de *poiesis*. Estos límites, que son objetivos porque pertenecen a las cosas en sí, nos revelan lo que es bueno y lo que es malo. Recuperamos así el criterio de bien y mal en nuestro obrar, de cuya pérdida se lamenta Ratzinger. San Pablo VI dice algo semejante (*Humanae Vitae*, 17):

> Por tanto, si no se quiere exponer al arbitrio de los hombres la misión de engendrar la vida, se deben reconocer necesariamente unos límites infranqueables a la posibilidad de dominio del hombre sobre su propio cuerpo y sus funciones; límites que a ningún hombre, privado o revestido de autoridad, es lícito quebrantar. Y tales límites no pueden ser determinados sino por el respeto debido a la integridad del organismo humano y de sus funciones, según los principios antes recordados y según la recta inteligencia del "principio de totalidad" ilustrado por nuestro predecesor Pío XII.

Vemos en estas palabras de san Pablo VI una invitación a la recuperación de la integridad del cuerpo humano que viene acompañada, a lo largo de la encíclica, de una defensa de la integridad del matrimonio en sus aspectos procreativo y unitivo. Esto entraña un proceso inverso al de la descomposición ontológica y epistemológica descrita antes. El fruto de este proceso es la recuperación de la integridad de la Creación y con ella de la razón.

Según santo Tomás, la razón ordena lo que percibe en consideración de la verdad (razón especulativa) o la acción (razón práctica). La razón práctica adicionalmente tiene dos dimensiones: puede ordenarse al buen actuar, bajo la dirección de la prudencia, o al buen fabricar, bajo la dirección del arte.[10] Santo Tomás señala que la razón especulativa tiene que ver con la verdad, mientras que la práctica tiene que ver con el bien, pero que lo verdadero y lo bueno se implican mutuamente: lo verdadero es bueno y lo bueno es verdadero. Por esto la razón especulativa y la práctica no son dos facultades separadas, sino que más bien la razón especulativa se hace práctica por extensión. Vemos aquí la razón en su integridad, que se sigue de la realidad misma: todo lo que es, es bueno y verdadero (y uno puede añadir: bello). Y aquí también vemos la restitución del orden que Ratzinger dijo se había perdido: de esta manera el ser precede al hacer. La razón especulativa amplía su área de dominio para hacerse también razón práctica.

Heidegger propone contrarrestar el influjo pernicioso de la tecnología con la *poiesis* (es decir, con la redención de la razón práctica en cuanto fabricante), pero si aceptamos la descripción de la razón que nos ofrece santo Tomás, podemos ver que aún hace falta incluir en nuestra respuesta otros aspectos de la razón. Si hemos de redimir la tecnología, es necesario considerar a la razón en su totalidad. Tomemos en cuenta lo que san Pablo VI dice respecto a los métodos legítimos de regulación de la natalidad y veamos si su propuesta puede verse como una tecnología redimida, una *techne* auténticamente cristiana (*Humanae Vitae*, 10):

> Por ello el amor conyugal exige a los esposos una conciencia de su misión de "paternidad responsable" sobre la que hoy tanto se insiste con razón y que hay que comprender exactamente. Hay que considerarla bajo diversos aspectos legítimos y relacionados entre sí. En relación con los procesos biológicos, paternidad responsable significa conocimiento y respeto de sus funciones; la inteligencia descubre, en el poder de dar la vida, leyes biológicas que forman parte de la persona humana.

---

[10] *Suma teológica,* I, c.79, a.11.

En relación con las tendencias del instinto y de las pasiones, la paternidad responsable comporta el dominio necesario que sobre aquéllas han de ejercer la razón y la voluntad.

En relación con las condiciones físicas, económicas, psicológicas y sociales, la paternidad responsable se pone en práctica ya sea con la deliberación ponderada y generosa de tener una familia numerosa ya sea con la decisión, tomada por graves motivos y en el respeto de la ley moral, de evitar un nuevo nacimiento durante algún tiempo o por tiempo indefinido.

La paternidad responsable comporta sobre todo una vinculación más profunda con el orden moral objetivo, establecido por Dios, cuyo fiel intérprete es la recta conciencia. El ejercicio responsable de la paternidad exige, por tanto, que los cónyuges reconozcan plenamente sus propios deberes para con Dios, para consigo mismos, para con la familia y la sociedad, en una justa jerarquía de valores.

En la misión de transmitir la vida, los esposos no quedan, por tanto, libres para proceder arbitrariamente, como si ellos pudiesen determinar de manera completamente autónoma los caminos lícitos a seguir, sino que deben conformar su conducta a la intención creadora de Dios, manifestada en la misma naturaleza del matrimonio y de sus actos y constantemente enseñada por la Iglesia.

Lo que san Pablo VI describe es un acto de la razón en su plenitud multifacética. La contemplación de la verdad, del orden establecido por Dios en la Creación ("la intención creadora de Dios") ilumina las leyes que forman parte de la persona humana y que han sido descubiertas por la biología. A la luz de la verdad divina, la ciencia biológica se ve transfigurada: no es una técnica de manipulación de la vida orgánica, sino el discernimiento de un orden racional establecido por el Creador, un orden que incluye una dimensión de carácter moral.

Esta contemplación de la verdad se extiende al orden práctico: los cónyuges deben discernir cómo han de proceder dada su situación concreta. Guiados por la prudencia, deben juzgar si en un momento dado es bueno o no tener más hijos. El que sea bueno o no depende de una multitud de condiciones: físicas, económicas, psicológicas o sociales. Aquí es de suma importancia notar que san Pablo VI enfatiza que esta decisión no se puede realizar de forma autónoma. La decisión de los cónyuges no es una que los implica únicamente a ellos en cuanto individuos, ni siquiera a ellos únicamente como pareja, sino que debe tomarse a la luz de las obligaciones que se tienen con Dios, consigo mismos, con su familia y con la sociedad. El ser humano debe tomar en cuenta su naturaleza social. Y como la prudencia es parte de la razón práctica, debe culminar en una acción y los cónyuges deben actuar basados en su juicio. Si deciden recurrir a los periodos infecundos, deben practicar la continencia, lo cual exige dominio de sí mismos: la virtud de la castidad entendida no como mera abstinencia.

Es dentro de este contexto que se pueden desarrollar métodos, técnicas y dispositivos que le ayuden a los cónyuges a identificar periodos fecundos e infecundos. Sólo inscrita dentro de una razón íntegra podrá la razón práctica, en su dimensión fabricante, operar realmente en el modo de *poiesis*. Sólo así podrá existir una *techne* auténticamente cristiana, una *techne* que no esclavice al hombre, sino que ayude a su desarrollo pleno: "Al defender la moral conyugal en su integridad, la Iglesia sabe que contribuye a la instauración de una civilización verdaderamente humana; ella compromete al hombre *a no abdicar la propia responsabilidad para someterse a los medios técnicos*; defiende con esto mismo la dignidad de los cónyuges" (*Humanae Vitae*, 18). En pocas palabras, la tecnología sólo puede ser redimida por la responsabilidad humana en su plenitud personal.

8. Evangelizar en la cultura digital: esperanza y desafío

José Luis Íñiguez García

En pocas palabras

La fe cristiana es, en su esencia, universal, pues Cristo ordenó a sus discípulos que proclamaran el Evangelio por "todo el mundo" y a "toda la creación". Los avances tecnológicos de nuestra época parecen haber facilitado dicha aspiración: la interconectividad y el alcance de las redes sociales permiten que millones de personas reciban un mensaje en cuestión de segundos. Las distancias se han acortado, los tiempos de espera, reducido. ¿Por qué vemos, entonces, que la religión en general y la fe cristiana en particular están siendo cada vez más relegadas de nuestras vidas? Las dificultades para evangelizar no pueden llevarnos a convertir a la fe cristiana en una opción más en el "mercado" de la espiritualidad; sin embargo, tampoco podemos encerrarnos en una burbuja e ignorar las realidades de nuestra cultura digital. En esa tensión entre lo nuevo y lo viejo, lo bueno y lo malo, lo útil y lo necesario, radica la esperanza de renovar, una vez más, el fervor misionero y evangelizador de la Iglesia.

> Vayan, y hagan que todos los pueblos sean mis discípulos,
> bautizándolos en el nombre del Padre y del Hijo y del Espíritu
> Santo, y enseñándoles a cumplir todo lo que yo les he mandado.
>
> (Mt 28, 19-20)

Al hablar de evangelización y cultura digital no debemos entender dos conceptos opuestos que se enfrentan el uno al otro, como realidades antagónicas que buscan vencerse entre sí. Son más bien dos realidades englobantes. La evangelización engloba a la cultura digital y ésta, a su vez, engloba a la evangelización. La diferencia radica en la forma en que cada una engloba a la otra. Por un lado, la evangelización abarca y moldea a la cultura digital para presentarle lo que desea y pretende, pero no contiene: la liberación y la salvación. Por otro lado, la cultura digital abarca y rodea a la evangelización para presentarle una comunidad "digital" compuesta por personas necesitadas de lo mismo que el Evangelio ofrece: liberación y salvación. El carácter englobante de estas dos realidades es el sentido más profundo de la vida: la Encarnación de Dios, el Evangelio. Sólo Jesucristo, Dios y hombre verdadero, ofrece al mundo una libertad y una salvación reales (cf. *Gaudium et spes, GS,* 22).

La evangelización ha sido recibida por los discípulos como una misión (dinámica de anunciar el Evangelio) que comporta un carácter imperativo más que exhortativo. El mandato que reciben los discípulos de parte de Jesucristo (cf. Mt 28, 19-20; Mc 16, 15) es una dinámica constante de anunciar un mensaje que no es un discurso sino una Palabra de Vida, un mensaje de salvación, el Evangelio. Esa dinámica parece que exige de los discípulos algunos elementos: fe, una mirada realista y apertura del corazón. Pide la fe porque la fe "está vinculada a la escucha" (*Lumen Fidei,* 8) y ellos, los discípulos, han escuchado a Jesús. "La fe entiende que la palabra, aparentemente efímera y pasajera, cuando es pronunciada por el Dios fiel, se convierte en lo más seguro e inquebrantable que pueda haber, en lo que hace posible que nuestro camino tenga continuidad en el tiempo. La fe acoge esta Palabra como roca firme, para construir sobre ella con sólido fundamento" (*Lumen Fidei,* 10). La mirada realista puede identificarse con un sano proceso de madurez humana. Sin ella es imposible ver a los pueblos en su contexto, necesidades, riquezas culturales y muchas veces precariedades morales. Con esa mirada realista hay que detenernos de algún modo en la cultura digital,[1] donde peregrina también el pueblo de Dios y a quien necesitamos llevar el mensaje de salvación. La mirada realista ayuda al discípulo a comprender que el Evangelio es capaz de dar una nueva forma a cada uno, a cada pueblo, a cada cultura, porque es Cristo mismo quien toca esa realidad concreta. Citamos ahora las palabras de Benedicto XVI: "La verdadera originalidad del Nuevo Testamento no consiste en nuevas ideas, sino en la figura misma de Cristo, que da carne y sangre a los conceptos: un realismo inaudito" (*Deus Caritas est,* 12). Finalmente, la apertura del corazón. Esta apertura es la expresión de haber creído en el amor de Dios, es la opción fundamental del discípulo (cf. *Deus Caritas est,* 1). Con esa apertura del corazón el discípulo puede enfrentar la tristeza individualista que "brota de un corazón cómodo y avaro" (*Evangelii Gaudium, EG,* 2). Un corazón abierto recibe el Evangelio y, al mismo tiempo, lo transmite. Reconoce en él una grandeza que no se puede poseer, sino que se debe compartir.

Sin embargo, lo más importante de la evangelización no son los tres elementos que hemos presentado; lo fundamental es ante todo el Mensaje mismo, que es Jesucristo, quien perdona, libera y da nueva vida. El mandato que recibieron los discípulos contiene la

---

[1] "Con la palabra *cultura* se indica, en sentido general, *todo aquello con lo que el hombre afina y desarrolla sus innumerables cualidades espirituales y corporales;* procura someter el mismo orbe terrestre con su conocimiento y trabajo; hace más humana la vida social, tanto en la familia como en toda la sociedad civil, mediante el progreso de las costumbres e instituciones; finalmente, *a través del tiempo expresa, comunica y conserva en sus obras grandes experiencias espirituales y aspiraciones para que sirvan de provecho a muchos, e incluso a todo el género humano"* (*Gaudium et spes,* 53). Considero que esta apreciación de cultura en sentido general migra de algún modo al mundo digital, pero con sus propias características: interacción con tecnologías digitales, distribución, consumo y recepción de información, redes sociales, etcétera.

garantía de la presencia de Jesús hasta el fin del mundo (cf. Mt 28, 20). Es, de algún modo, un mandato a vivir acompañado llevando un Mensaje. Con esto en mente, ahora podemos presentar de manera sucinta algunos rasgos de la evangelización y la cultura digital como dos realidades que se engloban mutuamente.

8.1. Iglesia misionera y evangelizadora

Consideramos necesario traer las palabras proféticas y esperanzadoras con las que san Juan XXIII, en la Constitución Apostólica *Humanae Salutis,* convocaba el Concilio Vaticano II:

> La Iglesia asiste en nuestros días a una grave crisis de la humanidad, que traerá consigo profundas mutaciones. Un orden nuevo se está gestando, y la Iglesia tiene ante sí misiones inmensas, como en las épocas más trágicas de la historia. Porque lo que se exige hoy de la Iglesia es que infunda en las venas de la humanidad actual la virtud perenne, vital y divina del Evangelio. La humanidad alardea de sus recientes conquistas en el campo científico y técnico, pero sufre también las consecuencias de un orden temporal que algunos han querido organizar prescindiendo de Dios (Juan XXIII 1961, núm. 3).

Estas palabras incoaban la reflexión que la Iglesia haría sobre sí misma, su hacer y su misión evangelizadora en el Concilio Vaticano II. "La Iglesia, siempre dócil al Espíritu Santo, continúa cumpliendo su misión con una inmensa variedad de experiencias de anuncio" (Pontificio Consejo para la Promoción de la Nueva Evangelización, 2022, 34).

El Concilio Vaticano II ha presentado una concepción de la Iglesia dinámica y misionera, ya que "la Iglesia peregrinante es misionera por su naturaleza" (*Ad Gentes,* 2). El Nuevo Testamento ha sido escrito en un contexto de difusión evangélica, en ambiente misionero, que ha impregnado la imagen de la Iglesia mostrada por el Vaticano II.[2] Nos dice el cardenal Blázquez: "La Iglesia acompaña a la humanidad en la presente etapa de su historia marcada por cambios rápidos, profundos y universales. A esta perspectiva de la humanidad en camino corresponde también la dimensión misionera de la Iglesia".[3] Por lo tanto, ese contexto de difusión evangélica del Nuevo Testamento es también nuestro contexto. La Evangelización es la dimensión misionera de la Iglesia y está estrechamente unida a la proclamación del Evangelio a quienes no conocen o han rechazado a Jesucristo (cf. *EG,* 13). Llevar esta Buena Nueva es ofrecer la eterna novedad del amor de Dios. Por lo tanto, llevar esta novedad radical no puede ser sin la alegría de sentirse amados, sin la alegría de la fe (cf. *EG,* 11). San Pablo VI diría que si definimos la acción evangelizadora de la Iglesia como un mero concepto, corremos el riesgo de mutilar esta realidad, ya que no es algo fragmentario o parcial sino complejo y dinámico (cf. *Evangelii Nuntiandi, EN,* 17). Eso no significa que no comprendamos algunos rasgos de esta realidad dinámica, de la Evangelización. Para entenderlo mejor conviene mirar las siguientes palabras de san Pablo VI: "Evangelizar significa para la Iglesia llevar la Buena Nueva a todos los ambientes de la humanidad y, con su influjo, transformar desde dentro, renovar a la misma humanidad: *'He aquí que hago nuevas todas las cosas'* (Ap 21, 5; cf. 2 Co 5, 17; Gal 6, 15)" (*EN,* 18). Esa Buena Nueva que se lleva a todos los ambientes es Jesucristo. Sólo Él es quien transforma y renueva a cada hombre que lo escucha.

Esa misión tan relevante, según san Pablo VI, debe contener estas características: *la importancia principal del testimonio, la necesidad del anuncio explícito, mirar hacia una adhesión vital y comunitaria*

---

[2]   Una clave básica para leer y entender el Vaticano II es la perspectiva misionera. Para evangelizar con mayor incidencia la Iglesia debe renovarse interior y exteriormente; para ser un signo más elocuente de la presencia y actuación de Dios debe purificar su corazón y su rostro.

[3]   Ricardo Blázquez, *Del Vaticano II a la Nueva Evangelización,* Santander: Sal Terrae, 2013, p. 78.

y generar un impulso nuevo al apostolado (cf. *EN*, 21-24). Esta misión es para todos los bautizados y, por lo tanto, las características apenas mencionadas pueden ser los rasgos de quien evangeliza. Parece oportuno considerar que antes de la misión de evangelizar, cada cristiano es llamado a ser discípulo, a estar con el Maestro, a renovar su encuentro personal con Él (cf. Mc 3, 13-14). El papa Francisco lo expone de la siguiente manera:

> Invito a cada cristiano, en cualquier lugar y situación en que se encuentre, a renovar ahora mismo su encuentro personal con Jesucristo o, al menos, a tomar la decisión de dejarse encontrar por Él, de intentarlo cada día sin descanso. No hay razón para que alguien piense que esta invitación no es para él […]. Al que arriesga, el Señor no lo defrauda, y cuando alguien da un pequeño paso hacia Jesús, descubre que Él ya esperaba su llegada con los brazos abiertos. Éste es el momento para decirle a Jesucristo: "Señor, me he dejado engañar, de mil maneras escapé de tu amor, pero aquí estoy otra vez para renovar mi alianza contigo. Te necesito. Rescátame de nuevo, Señor, acéptame una vez más entre tus brazos redentores" (*EG*, 3).

Por lo tanto, la acción de evangelizar no es sólo portar un mensaje, sino dejarse encontrar por ese mismo Mensaje cada día y hacerlo presente con toda nuestra realidad personal en cada ámbito de la vida. La acción de evangelizar no es una cosa distinta a la del encuentro con Dios; es, sobre todo, una prolongación de ese encuentro. No podemos considerar que la evangelización sea sólo un imperativo que tiene su punto de llegada en los discípulos de la primera hora. Este imperativo es para todos aquellos que creemos en Jesucristo. Creer en ese anuncio de renovación nos renueva también profundamente a nosotros. Dice el papa Francisco:

Un anuncio renovado ofrece a los creyentes, también a los tibios o no practicantes, una nueva alegría en la fe y una fecundidad evangelizadora. En realidad, su centro y esencia es siempre el mismo: el Dios que manifestó su amor inmenso en Cristo muerto y resucitado. Él hace a sus fieles siempre nuevos; aunque sean ancianos, "les renovará el vigor, subirán con alas como de águila, correrán sin fatigarse y andarán sin cansarse" (Is 40,31). Cristo es el "Evangelio eterno" (Ap 14,6), y es "el mismo ayer y hoy y para siempre" (Hb 13,8), pero su riqueza y su hermosura son inagotables (*EG*, 11).

Por lo tanto, hoy tendríamos que mirar a los distintos areópagos que están esperando, muchas veces sin saberlo, el anuncio gozoso del Evangelio para ser verdaderamente renovados.

8.2. Nuevos espacios, mismo mensaje

La cultura digital, ese mundo de comunicación moderno, es un nuevo areópago a donde tiene que llegar la Buena Nueva del Evangelio. Nos recuerda san Juan Pablo II:

El primer areópago del tiempo moderno es el mundo de la comunicación, que está unificando a la humanidad y transformándola, como suele decirse, en una "aldea global". Los medios de comunicación social han alcanzado tal importancia que para muchos son el principal instrumento informativo y formativo, de orientación e inspiración para los comportamientos individuales, familiares y sociales (*Redemptoris Missio, RM*, 37).

En este mundo de comunicación moderno, en este contexto específico de la historia de gran cambio cultural, somos llamados a anunciar con nuevas formas el Evangelio, desde la libertad arrebatadora de la fe, de manera que el Mensaje sea comprendido por las nuevas generaciones.[4]

En las distintas expresiones de la cultura digital: redes sociales,[5] aplicaciones y otras plataformas o herramientas, nos encontramos con la persona necesitada de ser amada, de ser perdonada, de ser conocida, en una palabra, de la persona que necesita a Dios. Estas expresiones de la cultura digital se han convertido en los escenarios comunes donde muchas personas se encuentran buscando la realización de sus deseos más profundos: ser amados y ser felices. Pero no sólo encontramos a las personas con sus deseos nobles, también encontramos grandes peligros que más adelante quedarán expuestos. De alguna manera la cultura digital contiene también la "anticultura" de la destrucción y el daño que se le puede ocasionar a las personas. Por ello es necesario llevar a esos nuevos escenarios comunes, con formas nuevas, el mismo mensaje de salvación y liberación de siempre. El mensaje es Jesucristo.

Vale la pena mirar este párrafo de la audiencia del papa Francisco del 13 de octubre de 2021:

La libertad de la fe cristiana, la libertad cristiana, no indica una visión estática de la vida y de la cultura, sino una visión diná-

---

[4]   Cf. Audiencia general del papa Francisco, 2021.

[5]   "En el contexto de la comunicación integrada, consistente en la convergencia de los procesos de comunicación, *las redes sociales* desempeñan un papel decisivo como foro en el que se configuran nuestros valores, creencias, lenguaje y supuestos de la vida cotidiana. Para muchas personas, especialmente en los países en vías de desarrollo, el único contacto con la comunicación digital tiene lugar a través de las redes sociales. Más allá del *uso* de las redes sociales como herramienta, *vivimos* en un ecosistema conformado en su centro por la experiencia de la compartición social. Aunque seguimos *utilizando* la web para buscar información o entretenimiento, acudimos a las redes en busca de una sensación de pertenencia y afirmación, transformándolas en un espacio vital donde tiene lugar la comunicación de valores y creencias fundamentales" (Dicasterio para la Comunicación 2023, núm. 10).

mica, una visión dinámica también de la tradición. La tradición crece, pero siempre con la misma naturaleza. Por tanto, no pretendamos tener posesión de la libertad. Hemos recibido un don para custodiar. Y es más bien la libertad que nos pide a cada uno estar en un constante camino, orientados hacia su plenitud. Es la condición de peregrinos; es el estado de caminantes, en un continuo éxodo: liberados de la esclavitud para caminar hacia la plenitud de la libertad.

Con esa libertad cristiana ha de llevarse la evangelización a la cultura digital, para que en la comunidad digital también se descubra el camino hacia la plenitud de la libertad en Jesucristo.

¿Y qué entendemos entonces por cultura digital? Hablar de una "cultura digital" es factible porque la conexión entre los individuos les posibilita, no sin tropiezos, a veces graves, ponerse a pensar juntos y actuar cooperativamente. En la descripción de cultura, que el Concilio Vaticano II presenta y que hemos citado anteriormente, puede percibirse la relación entre el mundo y el hombre: "todo aquello con lo que el hombre afina y desarrolla sus innumerables cualidades espirituales y corporales; procura someter el mismo orbe terrestre con su conocimiento y trabajo" (*GS*, 53). Además, se menciona que uno de los caminos que han llevado a perfeccionar y expandir la cultura en esta nueva época es el ingente progreso en el desarrollo de la técnica y los avances de los medios de comunicación (cf. *GS*, 54). En ese progreso de la técnica es en donde podemos situar a la cultura digital. Esta cultura ha llevado al hombre a interpretar al mundo mediante las nuevas tecnologías (apps, redes sociales, IA, etc.), que le presentan de modo análogo la realidad y le abren nuevos espacios cognitivos de interacción con el mundo real y el virtual. Pero el hombre no sólo ha generado esta cultura digital, sino que vive en ella, ahí se relaciona, forma parte de su obrar, ahí ha de ejercer su capacidad de conocimiento, de libertad y de responsabilidad.[6] Si el hombre se encuentra inmerso en la cultura digital y ahí es donde lleva a cabo sus relaciones humanas, y si el Evangelio es la Buena Nueva para el hombre en toda su realidad, es claro que la cultura digital debe ser interpelada y conformada por el Evangelio mismo.

Entender las relaciones humanas desde la cultura digital implica reconocer una capacidad interpretativa de dar sentido y construir algo más que una "red digitalizada" de relaciones. Si "la cultura articula visión, percepción, creación y organización social del mundo codificando el proyecto histórico de cada pueblo o grupo social",[7] no podemos negar hoy la conveniencia y la urgencia de testimoniar el mensaje evangélico "en esta nueva cultura creada por la comunicación moderna" (*RM*, 37). Las personas en la "comunidad digital", en esta "mies", siguen escuchando la voz de Jesús (cf. Mt 9, 37).

8.3. Redes sociales: el principal desafío

Una de las expresiones más emblemáticas de la cultura digital son las redes sociales. Las redes sociales contribuyen a que surja "una nueva ágora, una plaza pública y abierta en las que las personas comparten ideas [...] nacen nuevas relaciones y formas de comunidad"; son, dice Benedicto XVI, nuevos espacios que, cuando se valorizan bien, favorecen formas de diálogo y debate que "llevadas con respeto, salvaguarda de la intimidad, responsabilidad e interés por la verdad, pueden reforzar los lazos de unidad entre las personas".[8]

---

[6]   Lewis Mumford, *Técnica y civilización*, Madrid: Alianza, 2022.

[7]   Agenor Brighenti, *Nueva evangelización e inculturación: cómo encarnar toda la fe en toda la vida*, México: Dabar, 2013, p. 68.

[8]   Mensaje del Santo Padre Benedicto XVI para la XLVII Jornada Mundial de las Comunicaciones Sociales, 2011.

Las redes sociales están llamadas a potencializar la verdadera comunicación, a transformar en amistad el contacto con los demás y a consolidar el principio de comunión mediante las conexiones posibilitadas por ellas. En la cultura digital podemos encontrarnos de manera personal y verdadera entre nosotros. Ese encuentro personal será germen de auténtica comunión social. "Del influjo más o menos consciente que ejerce la cultura digital con sus expresiones, depende, en buena medida, la percepción que tenemos de nosotros mismos, de los demás y del mundo. Han de ser considerados, sin ninguna clase de prejuicios, como recursos, pese a exigir una mirada crítica y un uso prudente y responsable".[9] Para evangelizar esta expresión de la cultura digital –las redes sociales, que es un fruto de la interacción humana y da nueva forma a la dinámica de la comunicación– se necesita una comprensión de este ambiente para lograr una presencia significativa.

Parece oportuno presentar el siguiente párrafo que recientemente ha escrito el Dicasterio para la comunicación:

> Los notables cambios que ha experimentado el mundo desde la aparición de Internet han provocado también nuevas tensiones. Unos han nacido ya dentro de esta cultura y son, por tanto, "nativos digitales"; otros aún están intentando acostumbrarse a ella como "inmigrantes digitales". En cualquier caso, nuestra cultura es ahora una cultura digital. Para superar la vieja dicotomía entre "digital" y "cara a cara", algunos ya no hablan de "online" frente a "offline", sino sólo de 'onlife', uniendo la vida humana y social en sus diversas expresiones, ya sean éstas en espacios digitales o físicos (Dicasterio para la Comunicación 2023, núm. 9).

---

[9]   cf. Conferenza Episcopale Italiana, s. f., núm. 51

Una de las grandes bondades de esta cultura digital es la rapidez y universalidad de su capacidad comunicadora de contenido. Las redes sociales son una evidencia irrefutable de esto. Sin embargo, no podemos pensar que la cultura digital contiene una bondad moral automática. En ella encontramos grandes peligros que afectan profundamente a las personas, a las familias y a la sociedad.

8.4. Algunos peligros en la cultura digital

Los peligros que se encuentran en esta cultura digital son muchos y muy variados. Enunciaré algunos, pero sólo me detendré un poco para reflexionar en uno de ellos: el desequilibrio en las formas del diálogo. Entre los peligros más destacables se encuentran *la privacidad y seguridad,* ya que compartimos una gran cantidad de información personal en línea; *el ciberacoso y el acoso en línea,* pues existen nuevas formas de abuso en el ciberespacio; *las noticias falsas y la desinformación,* pues se ha facilitado la propagación de información errónea muchas veces para manipular a la opinión pública; *la adicción y la dependencia a la tecnología,* sobre todo a las redes sociales y a los juegos en línea; finalmente, *la brecha digital,* que se crea sobre todo entre aquellos que tienen conocimientos digitales y los que no los tienen.[10]

Analicemos brevemente el desequilibrio en las formas del diálogo. Este desequilibrio es el riesgo que lleva a la exclusión de algunos por cuestiones de raza, religión, cultura o ideología. Este peligro ha intensificado la persecución y el odio a ciertas personas. El desequilibrio del diálogo ha cobrado muchas víctimas que, en su vida cotidiana, se ven afectadas por la humillaciones públicas y difamaciones. Al

---

[10] cf. Dicasterio para la Comunicación 2023, núms. 12-18.

respecto, dice el papa Francisco: "Hablar con el corazón es hoy muy necesario para promover una cultura de paz allí donde hay guerra; para abrir senderos que permitan el diálogo y la reconciliación allí donde el odio y la enemistad causan estragos. En el dramático contexto del conflicto global que estamos viviendo, es urgente afirmar una comunicación no hostil".[11] Hemos de afrontar el desafío de tener una cultura digital, en todas sus distintas expresiones, verdaderamente inclusiva. De este modo se beneficia la participación de los creyentes en Jesucristo para compartir el mensaje del Evangelio y de los valores de la vida humana. En efecto, los creyentes advierten de modo cada vez más claro que si la Buena Noticia no se da a conocer también en la cultura digital, puede quedar fuera de la experiencia de muchas personas para las que este espacio o escenario existencial es importante.[12]

Es necesario utilizar los nuevos lenguajes para permitir que "la infinita riqueza del Evangelio encuentre formas de expresión que puedan alcanzar las mentes y corazones de todos". En las redes sociales se pone de manifiesto la autenticidad de los creyentes cuando comparten la fuente de su esperanza y de sus alegrías. Ese compartir es también un testimonio: "En el modo de comunicar preferencias, opciones y juicios que sean profundamente concordes con el Evangelio, incluso cuando no se hable explícitamente de él".[13] Así que hacer presente en la cultura digital la fe confirma la relevancia de la religión en el debate público y social.[14]

---

[11] Mensaje para la LVII Jornada Mundial de las Comunicaciones Sociales, 2023.

[12] Cf. Benedicto XVI, 2013, *op. cit.*

[13] Benedicto XVI, Mensaje para la XLV Jornada Mundial de las Comunicaciones Sociales, 2011.

[14] Cf. Benedicto XVI, 2013, *op. cit.*

8.5. Conclusión

La evangelización y la cultura digital son dos realidades que se engloban mutuamente, pero de distinta manera. Estas realidades tienen como principal referente a Dios y al hombre. En la evangelización es Dios quien se hace carne, no sólo para dejarnos un mensaje de salvación, sino para entregarse él mismo, que es el Mensaje. En la cultura digital es el hombre quien ha creado este ambiente para desarrollarse y vivir de algún modo en él. Por lo tanto, Dios no puede ser excluido de esta cultura, porque también ahí mismo el hombre necesita ser salvado, liberado y amado. La evangelización es tarea de cada uno de los creyentes en Jesucristo. Llevarla a cabo es un don de Dios, que pide de nosotros la fe, la mirada realista y el corazón abierto. El evangelizador está llamado a prolongar su encuentro con Cristo a través de toda su realidad humana.

En la cultura digital encontramos una comunidad de personas que buscan satisfacer los deseos sinceros de su corazón: libertad y felicidad. No por ello desconocemos los peligros a los que se enfrentan y ante los que debemos estar alerta. Evangelizar la cultura digital comporta sobre todo llevar el Evangelio a ese nuevo areópago. También es fundamental señalar la importancia principal del testimonio, la necesidad del anuncio explícito, mirar hacia una adhesión vital y comunitaria y generar un impulso nuevo al apostolado. Una cita del reciente documento del Dicasterio para la Comunicación sintetiza de manera contundente lo que se ha expresado en este artículo:

> Entonces, desde nuestra presencia amorosa y genuina en estas esferas digitales de la vida humana se hace posible abrir un camino hacia lo que san Juan y san Pablo anhelaban en sus cartas: el encuentro cara a cara de cada persona herida con el Cuerpo del Señor, la Iglesia, para que, en ese encuentro personal, de corazón a corazón, sus heridas y las nuestras puedan

ser sanadas y "nuestra alegría sea completa" (2 Jn, 12) (Dicasterio para la Comunicación 2023, núm. 82).

Evangelizar en nuestra época significa, en pocas palabras, llevar la alegría de Jesucristo a todos los rincones del universo. Y eso implica a toda nuestra cultura digital.

Sobre los autores

Martinique Acha Alemán, investigadora del Centro de Estudios de Familia, Bioética y Sociedad (Cefabios). Estudia el doctorado en Filosofía en la Universidad de Navarra, España.

Andrea Diego Armida, investigadora del Cefabios. Estudia el doctorado en Filosofía en la Universidad de Navarra, España.

José Luis Íñiguez García, investigador del Cefabios. Estudia el doctorado en Teología en la Universidad Pontificia de México.

Cristopher A. Mendoza Soto, maestro en Filosofía por la Universidad Pontificia de México.

Carlos Alberto Morales Peña, investigador del Cefabios. Estudia el doctorado en Filosofía en la Universidad de Navarra, España.

Diego Padilla Moreno, estudió Ciencia Política en el Instituto Tecnológico Autónomo de México.

Alejandro Terán Somohano, doctor en Ingeniería Industrial por la Universidad de Auburn, Alabama. Estudió Ingeniería en Computación en el Instituto Tecnológico Autónomo de México.

José Antonio Terán Somohano, coordinador operativo del Observatorio Nacional de la Familia, Cefabios. Estudia la maestría en Filosofía en la Universidad Pontificia de México.

Tania Guadalupe Yáñez Flores, investigadora del Cefabios. Estudia el doctorado en Filosofía en la Universidad Nacional Autónoma de México.

Este libro se imprimió en la Ciudad de México,
el 12 de diciembre de 2023,
Solemnidad de Santa María de Guadalupe,
Reina de México y Emperatriz de América,
en Litográfica Ingramex, S.A. de C.V.
Centeno 162-1, Granjas Esmeralda, Iztapalapa,
C.P. 09810, Ciudad de México, México

www.ingramcontent.com/pod-product-compliance
Lightning Source LLC
LaVergne TN
LVHW091456170726
843492LV00001B/211